W0029407

Vom Schicksal, das sich wendet

Märchen von Freiheit und Glück

Herausgegeben von Otto Betz und illustriert von Regine Elsner

Kösel

CIP-Kurztitelaufnahme der Deutschen Bibliothek

Vom Schicksal das sich wendet: Märchen von
Freiheit u. Glück / hrsg. von Otto Betz u. ill.
von Regine Elsner. – München : Kösel, 1987. – 116 S.
ISBN 3-466-36269-5
NE: Betz, Otto [Hrsg.]

Gesamtherstellung: Kösel, Kempten.
Umschlagillustration: Regine Elsner, Hamburg.
Typographie: Günther Oberhauser, München.

ISBN 3-466-36269-5

Inhalt

Ist das Schicksal unausweichlich?

Was Mythen und Märchen über das Los des Menschen wissen

Läuft unser Schicksal so ab, wie es von Ewigkeit her festgelegt ist und können wir mit allen unseren Mitteln nichts gegen das blinde Verhängnis unternehmen, oder sind wir die eigenverantwortlichen Zimmerleute unseres Glückes, die sich frei für ihren Weg entscheiden können? – Seit es Menschen auf dieser Erde gibt, bewegt sie die Frage nach ihrer Freiheit und nach den bestimmenden Mächten des Schicksals. Vielleicht gibt es kein beglückenderes Gefühl als die Erfahrung der Freiheit, jener Fähigkeit also, selbst Entscheidungen zu treffen. Aber es gehört auch zu den niederdrückendsten und entmutigendsten Erfahrungen, wenn man sich dunklen und undurchschaubaren Mächten ausgesetzt sieht, die unberechenbar sind, gegen die man sich nicht wehren kann, ja gegen die offenbar kein Kraut gewachsen ist.

Vermutlich wird ein Mensch, der sich als tüchtig erlebt, eher an die Kraft freier Entscheidung glauben als einer, der sich vom Pech verfolgt glaubt. Der ›Bevorzugte‹ des Glücks erlebt die Kraft seiner Arme und das Gelingen seiner klugen Pläne, während der vom Unglück Verfolgte annehmen muß, alles habe sich gegen ihn verschworen; seltsame Zwänge führen ihn zum Mißlingen seiner Absichten, die Spuren scheinen schon festgelegt, ein Entrinnen ist offenbar nicht möglich. Auch wer sich mit der Kraft der Verzweiflung aufbäumt, gelangt nicht aus der Sphäre der Ohnmacht. Es bleibt wohl nur Resignation oder fromme Ergebung in das, was sich nicht ändern läßt.

Gerne greifen wir zur Lösungsformel: es herrsche der blinde Zufall. Aber die Frage bleibt natürlich, was wir unter ›Zufall‹ verstehen. Theodor Fontane meint: *»Zufall ist der gebräuchlichste Deckname des Schicksals.«* Und Max Frisch hat gar die Beobachtung in sein Tagebuch geschrieben, es sei gewöhnlich ›das Fällige‹, was uns zufällt. So zufällig ist also unser persönliches Geschick gar nicht; wir haben offensichtlich Dispositionen; wir bringen Grundveranlagungen mit, die sich dann eben auch für unseren konkreten Weg auswirken, förderlich oder hinderlich. Was wir unser ›Schicksal‹ nennen, ist zunächst einmal die Wirklichkeit, wie wir sie erleben, wie sie sich uns darbietet. Und da müssen wir zugeben, daß wir uns die meisten bestimmenden Faktoren unseres Schicksals nicht selbst frei gewählt haben, sondern vorfanden: Ich habe mir weder die Zeit und das Jahrhundert ausgesucht, in dem ich leben wollte, noch die Eltern, die mir zu meiner Existenz verholfen haben. Ich habe mir keine Nation, keine Sprache, keine Landschaft und keine kulturelle Tradition ausgewählt, alles gehört zu dem vorgefundenen Fundus, alles wurde mir zugeteilt, geschenkt, über mich verfügt, ob ich es wollte oder nicht. Es bleibt immer noch die Chance, mit den angebotenen Gaben etwas anzufangen, aber das ›Grundpotential‹ ist nicht austauschbar oder beliebig veränderbar. Einsicht in die eigene ›Bedingtheit‹ und Begrenztheit des Daseins ist vielleicht sogar eine Voraussetzung für die Freiheitserfahrung. So hat es jedenfalls Goethe gesehen: *»Es darf sich einer nur für frei erklären, so fühlt er sich den Augenblick bedingt. Wagt er es, sich für bedingt zu erklären, so fühlt er sich frei.«*

I

In vielen antiken Kulturen haben die Menschen nicht auf eine rationale oder gar wissenschaftliche Weise Antwort zu geben versucht auf die Frage nach der Herkunft unseres persönlichen Geschicks. Aber der Mythos hat mit seinen Geschichten eine Antwort parat gehabt. Sowohl die alten Griechen wie die Römer, aber auch die Germanen, kennen die Vorstellung von den Schicksalsfrauen, den Spinnerinnen, die jedem Menschen seinen Schicksalsfaden zuspinnen. *Klotho* heißt die eine: sie sitzt am Spinnrad, der Faden ihrer Spindel bestimmt dem Menschen, der gerade geboren wird, sein Leben. *Lachesis* heißt die zweite: sie bemißt dem Menschen die Länge seines Lebensfadens. *Atropos* ist der Name der dritten: sie ist die kleinste und schrecklichste unter den Göttinnen des Schicksals; ihre Schere schneidet unerbittlich ab und setzt damit die Grenze des Lebens. Die unbeugsamen *Moiren* sind es, »welche den Menschen bei der Geburt schon jegliches Glück zuteilen – oder Unglück«, wie es schon bei Hesiod heißt. Sie haben den Faden in ihren Fingern, fädeln also dem einen die Glückssträhne ein und ordnen dem nächsten die Pechsträhne zu.

Gegen diese Zuweisung des gesponnenen Fadens kann sich niemand auflehnen; davonlaufen kann auch keiner, selbst eine höhere Instanz, bei der man Einspruch erheben könnte, scheint es nicht zu geben: auch Zeus kann der Vorentscheidung der Moiren nicht entgegenarbeiten, er muß sie ebenfalls akzeptieren. Plutarch sagt: *»Wir treten nicht in das Leben, um Gesetze aufzustellen, sondern um dem zu gehorchen, was verordnet ist von den das Ganze lenkenden Göttern und durch die Satzungen des Schicksals und der Vorsehung.«* Das konkrete Lebensschicksal muß als Spruch der Götter akzeptiert werden, ob es dem Menschen paßt oder nicht.

Wenn es das verhängte Schicksal des *Ödipus* ist, seinen Vater zu töten und seine Mutter zu heiraten, dann kann man diesem schrecklichen Spruch nicht dadurch entkommen, daß man das Kind gleich nach der Geburt aussetzt. Die Manipulationen und eifrigen Eingriffe in das Schicksal erweisen sich letztlich nicht nur als wirkungslos, sie befördern sogar die wörtliche Erfüllung des Verhängnisses. Der Schicksalsfaden wird abgespult, auch wenn einer mit Bärenkräften sich dagegenstemmt.

II

Nun, manchmal schlägt doch einer den Moiren ein Schnippchen. Von *Admetos* wird berichtet, daß er ein göttliches Privileg hatte: wenn es zum Sterben kommt und jemand ist bereit, freiwillig für ihn in den Tod zu gehen, kann er weiterleben. Als es soweit ist, findet er aber keinen, der ihm diesen Liebesdienst erweist; auch die Alten und Todkranken hängen plötzlich am Leben. Einzig *Alkestis,* seine Frau, geht entschlossen den Todesweg der Stellvertretung. Als nun *Herakles* vom frühen Tod der Alkestis hört, steigt er hinab in die Unterwelt: Apollo weilt zu jener Zeit im Lande; er macht die Moiren mit süßem Wein betrunken und knüpft sodann den schon zerrissenen Lebensfaden der Alkestis wieder an; triumphierend führt Herakles nach bestandenem Kampf mit dem Hades, dem Herrn der Unterwelt, die dem Leben wiedergeschenkte Königin an die Oberwelt und übergibt sie dem Admetos. – Ist das nur ein Satyrspiel, eine poetische Laune des mythischen Erzählers? Oder kündigt sich hier doch eine Möglichkeit an, dem eisernen Diktat der Schicksalsmächte zu entkommen?

Die Mythen haben ihre eigene Weisheit. In ihnen schlagen sich uralte Erfahrungen der Menschen nieder. Sowohl der Eindruck von der fatalen Verkettung unheilvoller Faktoren hat sich in ihnen verdichtet als auch die außerordentliche Chance, die manchmal geboten wird, wenn einer sie erkennt und nützt. Und weil wir oft beobachten können, daß sich Resignation und Fatalismus lähmend auswirken, die letzten Kräfte rauben können und jede Spur Hoffnung vertreiben, ist es wichtig, daß auch Geschichten erzählt werden, bei denen nicht nur die Unausweichlichkeit des verhängten Geschehens im Mittelpunkt steht.

Vielleicht ist ja der Hinweis auf das blinde Geschick auch eine griffige Ausrede, eine traurige Selbstrechtfertigung. Wenn ich nämlich – mir selbst und meiner Umwelt – einrede, daß ich halt die falschen Eltern habe oder im unrichtigen Jahrhundert geboren wurde, oder wenn ich davon überzeugt bin, daß mir zu einem günstigeren Geschick ein paar graue Zellen im Gehirn fehlen, dann ist ja eine anonyme Instanz, der ich die Schuld an meinem Geschick zuschieben kann, zuständig, und deshalb kann ich nicht selbst verantwortlich gemacht werden.

III

Irgendwann fragt sich der Mensch: ›Warum bin ich der, als den ich mich vorfinde und nicht vielmehr der, der ich sein möchte und von dem ich träume?‹ Aber solche Wunschträume allein führen mich nicht in eine bessere Wirklichkeit. *»Nichts auf der Welt ist dem Menschen mehr zuwider, als den Weg zu gehen, der ihn zu sich selber führt!«* heißt es in Hermann Hesses ›Demian‹. Aber ist der Weg zur eigenen Wirklichkeit so eindeutig? Gibt es einen Spielraum, den es zu nutzen gilt? Wenn es eine enttäuschende Wirklichkeit ist, die ich vorfinde, kann sich das Schicksal wenden?

Ein Kaiserpaar, so erzählt es ein mazedonisches Märchen[1], erwartet sehnlich ein Kind. Nach langem Bangen bekommen sie es endlich. In der dritten Nacht nach der Geburt erscheinen, wie es sein muß, die drei Schicksalsfrauen, um dem Kind sein Schicksal zu bestimmen. Aber sie sind sich in ihrer Wahl nicht einig. Die weiße Moira will dem Kaisersohn ein langes Leben schenken, die schwarze dagegen ein kurzes, um ihm viel Leid zu ersparen. Die dritte Moira, die rote, sagt: *»Schwestern, mir gefällt weder, was die eine von euch sagt, noch, was die andere sagt. Der Kaisersohn muß etwas leben – wozu hätte ihm Gott sonst das Leben geschenkt? –, aber niemand wird behaupten, daß er hundert Jahre alt werden muß. Also: wenn jede von euch ihm neun Jahre gibt, so will ich ihm auch neun Jahre geben. So wollen wir seinen Lebensfaden machen, wenn es euch recht ist.«*

[1] Vgl. das Kapitel »Das Schicksal kann sich ändern«, in: *Otto Betz/Ilse Hahn* (Hrsg.), Tausend Tore in die Welt. Märchen als Weggeleit. Freiburg 1985, 256–294, besonders 278–280.

Nun hat also das Kind seinen ihm zugesponnenen Schicksalsfaden; kein allzu langes Leben hat es zu erwarten, aber es bleibt immerhin lebendig, wächst heran. Schließlich wird der Prinz zum benachbarten Kaiser über's Meer geschickt, um dessen einzige Tochter zu heiraten. Die Hochzeit wird gefeiert. Auf der Heimreise aber kommt Sturm auf und der Bräutigam wird von einer Welle erfaßt, ins Meer geworfen und ertrinkt pünktlich an seinem siebenundzwanzigsten Geburtstag. Der Beschluß der Moiren ist erfüllt; was entschieden worden war, ist eingetreten.

Aber damit ist die Geschichte nicht zu Ende. Die junge Frau weint und jammert, findet sich mit ihrem Schicksal nicht ab, sondern klagt: *»Ach, ihr grausamen Moiren, warum müßt ihr mir denn meinen Mann gerade jetzt nehmen, wo unser gemeinsames Leben kaum begonnen hat?«* Und wirklich taucht die rote Moira auf, um der Braut folgenden Vorschlag zu machen: *»Wenn du bereit bist, die Hälfte von deinem Lebensfaden zu opfern, so will ich meine Schwestern schon dazu bringen, damit den Lebensfaden deines Gatten anzustückeln.«* Und wirklich, da die Braut damit einverstanden ist, taucht der untergegangene Bräutigam wieder auf und kann gerettet werden.

Bei ihrer Heimkunft erzählt der junge Regent sein Erlebnis auf dem Meeresgrund, daß er vor die Moiren gekommen sei, daß eine plötzlich verschwunden sei, mit einem Stück Faden in der Hand, welchen sie seinem zuendegegangenen Lebensfaden angeknüpft habe. Und die rote Moira habe gesagt: *»Die beiden werden gemeinsam nicht mehr Lebensjahre haben, als wir ihnen getrennt an den Wiegen versprochen hatten.«* Und das Märchen weiß: am gleichen Tag sind sie dann auch gestorben.

IV

Verwunderlich an dieser Geschichte ist zunächst einmal, daß die Tradition des antiken Mythos sich beinahe ungebrochen in den Märchen bis in unsere Tage gehalten hat. Immer noch kommen die drei Schicksalsfrauen zum neugeborenen Kind und spinnen ihm den Lebensfaden zu. Aber erstaunlicher und tröstlicher ist noch, daß es da eine Auseinandersetzung zwischen den Moiren gibt, daß Kompromisse geschlossen werden, ja, daß auch ein ›Spruch‹ verändert und korrigiert werden kann.

Aber die Veränderung muß erlitten und erstritten werden, sie fällt den Menschenkindern nicht einfach in den Schoß. Unser Märchen spricht davon, daß ein indivduelles Schicksal nicht isoliert für sich betrachtet werden darf. Wenn die Liebe zwei Menschen verbindet, dann ist der Lebensfaden des einen gleichsam mit dem des anderen verknüpft. Und das mag auch dazu führen, daß ein Leben, das schon zu Ende zu gehen schien, wieder neuen Elan bekommt, weil sich ein anderer Mensch einsetzt und seine eigene Lebenskraft schenkt. Die Liebe des einen zum andern hilft ihm wieder auf, gibt ihm neuen Lebensmut und holt den Todmüden gleichsam noch einmal von der Schwelle ab.

Vielleicht ist hier ein Element der Alkestissage ins Märchen eingegangen. Der tiefe Gedanke von der Stellvertretung und der Solidarisierung mit dem Untergehenden bringt eine geradezu latent christliche Dimension in unser Märchen.

V

Auf der griechischen Insel Kephallenia wird ein Märchen von der unglücklichen Prinzessin überliefert. Sie ist die Jüngste von drei Schwestern, aber sie hat ein böses Schicksal mitbekommen: alles mißlingt ihr, Unheil und Zerstörung folgen ihr auf dem Fuße. Eines Tages, sie hat sich auf die Reise begeben, bekommt sie von einer freundlichen Frau gesagt: *»Höre, liebes Kind, was ich dir sagen möchte. Auf diese Weise kommst du mit deinem Leben nicht zurecht. Da dich deine Moira hetzt, mußt du vielmehr sehen, einen Weg zu finden, daß sie dir ein neues Schicksal zuteilt.«* Und weil das Mädchen hilflos ist und nicht weiß, wie sie zu einem anderen Schicksalsfaden kommen kann, wird ihr ein Weg gewiesen. *»Komm, ich will es dir sagen. Siehst du den hohen Berg, den man in der Ferne erkennt? Dort sind alle Schicksalsfrauen der Welt versammelt. Dort ist ihr Schloß, und das ist der Weg, den du nehmen mußt. Geh auf die Spitze des Berges, um deine Moira zu finden, und reiche ihr das Brot, das ich dir mitgeben werde. Dann sage zu ihr: ›Liebe Moira, die du mir mein Schicksal zugeteilt hast, tausch es mir um‹. Und du darfst nicht fortgehen, was sie dir auch antun mag, sondern mußt zusehen, daß sie das Brot in ihren Händen behält.«*

Nach vielen Mühen und Widerständen gelingt es dem Mädchen endlich, die Moira dazu zu bewegen, das zugeworfene Schicksal zu revidieren. Sie bekommt ein Knäuel Seide und muß nun selbst dafür sorgen, daß sich ihr Unglück zum Glück wendet.

Aus eigenen Kräften, so scheint das Märchen zu sagen, kommen wir aus einem Unheils-Kreislauf nicht heraus. Wenn sich alles gegen uns verschworen zu haben scheint, dann hilft guter Wille und Wunschdenken auch nicht aus dem Dilemma. Da muß schon jemand kommen, der die Geheimnisse kennt und das verworrene Gewebe durchschaut, um uns ein Licht aufzustecken. Wenn es um unser eigenes Schicksal geht, dann stecken wir in einem Labyrinth: tausend Wege gibt es, überall Wege, Abzweigungen, Kreuzwege; aber sie verwirren sich, führen im Kreise, erweisen sich als Sackgassen. Es muß jemand kommen, der den Verwirrungsmechanismus kennt und bis zur Mitte gelangt; dann läßt sich auch der Ausweg finden. Wenn wir – wie Theseus von Ariadne – einen langen Faden bekommen, können wir uns auch in ein Labyrinth hineinwagen, ohne Angst, uns darin zu verirren und steckenzubleiben.

Aber das Märchen macht auch deutlich, daß die Veränderung des eigenen Schicksals schwer ist, selbst wenn uns jemand dabei hilft. Geschenkt wird uns die Revision nicht; eine harte Arbeit bleibt uns dabei nicht erspart. Lange Wege müssen zurückgelegt werden, ein Kampf mit der Schicksalsmacht ist nötig, Zähigkeit und Ausdauer müssen bewiesen werden. Wer sich vorschnell mit seinem Geschick abfindet oder die Schmerzen der Suchwanderung scheut, dem bleibt sein Verhängnis treu. Wer resigniert und die Hoffnung verliert, dem kann nicht geholfen werden. Aber die entscheidende ›Botschaft‹ des Märchens ist ja: auch dem Unglücklichen kann geholfen werden; es ist nicht alles von vornherein festgelegt, ein Neuanfang ist möglich. Ein Schlußpunkt muß gesetzt werden, damit sich alles zum Guten wenden kann.

VI

Es kann tatsächlich schicksalhaft sein, wenn ein Kind, das sich bisher wehrlos vorkam und keinen Weg erkennen konnte, gegen all die blinden Mächte vorzugehen, die es bevormunden und unglücklich machen, nun plötzlich eigene Kräfte entdeckt und erste Schritte unternimmt, um zu einer Eigenständigkeit zu kommen. Einfach ist das nicht; mühsam nur setzt sich ein neues Selbstbewußtsein durch; es ist schmerzhaft, von seinem bisherigen Selbstbild Abschied zu nehmen.

In einem italienischen Märchen wird ein Mädchen, das für sich zum Pechvogel und für seine Umgebung zum Unglücksverbreiter geworden ist, zu ihrer Schicksalsfrau gesandt, die aber schmutzig ist, triefäugig und stinkend an einem Backofen sitzt. Und weil das Mädchen unfreundlich empfangen und davongejagt wird: *»Mach, daß du fortkommst! Weg mit dir!«*, deshalb besorgt sie sich ein schönes Obergewand mit Reifrock und Unterrock, feine Taschentücher und einen Kamm, sogar auch noch Haarsalbe und modischen Zubehör. Beim nächsten Besuch wäscht und kämmt sie ihre Schicksalsfrau und kleidet sie neu ein von Kopf bis Fuß. Und siehe da, plötzlich wird sie freundlicher und schenkt dem Mädchen eine Gabe, die zwar unscheinbar ist, aber das Schicksal wenden kann.

Man darf also nicht allzu schnell resignieren und sich mit den Gegebenheiten abfinden. Glück ist zwar nicht machbar, aber manchmal muß man ihm doch auf die Sprünge helfen. Einfallsreichtum gehört dazu, Mut, vor allem aber eine gewisse Zähigkeit. Wer nicht locker läßt und von den Rückschlägen nicht zerbrochen wird, dem kann sich das Schicksal wenden. *»Mein böses Schicksal hat mich gezwungen, in der Welt umherzuirren und Grobheiten, Mißachtung und Schläge zu erdulden.«* Zum Schluß aber gewinnt sie doch noch den König zum Mann.

VII

Es ist eine sehr frühe Lebensphase, in der ein Kind zu einer (mehr oder weniger unbewußten) Selbsteinschätzung kommt und einen ahnungsvollen ›Lebensplan‹ aufstellt. Die Eindrücke und Erfahrungen, die das Kind vor allem mit seinen Eltern macht, verdichten sich zu einem modellhaften Selbstbild. Von der Umwelt werden viele Impulse und Signale aufgenommen, die sich hilfreich oder störend bemerkbar machen. Das eine Kind entwickelt sich zu einem ›strahlenden Sieger‹; es scheint ein Glückskind zu sein, vom Schicksal verwöhnt; das andere wird gebeutelt und fühlt sich vernachlässigt oder mißachtet; vielleicht stuft es sich selbst bald als den ewigen Pechvogel ein, der immer zu kurz kommt. So wird das eine Kind auf eine sonnenbeschienene Straße geführt, das andere auf einen verschatteten Weg, eines wird zum Täter, ein anderes zum Opferlamm. Wenn wir Kinder beobachten, kommen wir manchmal aus der Verwunderung nicht heraus, mit welcher Leichtigkeit und Siegeszuversicht das eine Kind seinen Weg findet, wie verunsichert und hilflos sich das andere weitertastet.

Eine psychotherapeutische Schule der Gegenwart, die ›Skriptanalyse‹[2], versucht die Gesetze der frühen Selbsteinschätzung und der charakteristischen Rollenfindung verstehbar zu machen, indem sie die ›Programmierungen‹ in der frühen Kindheit aufzudecken sucht. Schon das fünfjährige Kind kann sich nach einem fatalen ›inneren Drehbuch‹ verhalten. Das kann wie ein schrecklicher Fluch sein: nach einer unbegreiflichen Gesetzmäßigkeit werden immerzu falsche Entscheidungen getroffen, ein Kreislauf von Enttäuschung und Entmutigung beginnt. Selbstvertrauen und Lebensmut können sich nicht durchsetzen, weil das Gefühl der eigenen Minderwertigkeit zu tief verankert ist. – Oder es wird ein komplizierter Mechanismus aufgebaut, um ein illusionäres Selbstkonzept aufrecht zu erhalten, das aber von der Wirklichkeit her gar nicht gedeckt ist. Irgendwann muß die fassadenhafte Selbstkonstruktion zusammenbrechen.

Kann denn diese fatale Automatik eines fragwürdigen Skripts nicht aufgebrochen und korrigiert werden? Das innere Drehbuch ist so früh verinnerlicht worden; es ist durch so viele Einzelerfahrungen bestätigt worden, daß es längst das Verhalten und die Perspektive des betreffenden Menschen bestimmt. Auf rationale Weise (durch Bewußtmachung der psychischen Mechanismen und durch ›Information‹) kann das lange eingeschliffene Verhalten nicht verändert werden. Wer jahre- oder jahrzehntelang mit einem bestimmten Bild von sich gelebt hat, der hängt auch an diesem Bild, selbst wenn es tragische Züge hat. Etwas in ihm möchte von diesem miesen Drehbuch wegkommen und eine neue Feiheit gewinnen, aber etwas anderes bleibt ihm verhaftet und wehrt sich gegen die Mühsale der Wandlung. Der Widerstand sitzt tief, weil selbst die Resignation bequemer ist als die Arbeit einer Neubesinnung.

VIII

Machen wir uns als Eltern und Erzieher eigentlich klar, daß wir Kinder nicht nur durch unsere direkten Impulse erziehen, auch nicht nur durch unser eigenes Verhalten, das zur Nachahmung reizt, beeinflussen, son-

[2] Vgl. dazu u. a. folgende Literatur: *Eric Berne,* Was sagen Sie, nachdem Sie ›Guten Tag‹ gesagt haben? München 1975; *Thomas A. Harris,* Ich bin o. k. Du bist o. k., Reinbek 1973; *Fanita English,* Transaktionale Analyse und Skriptanalyse, Hamburg 1976.

dern daß auch die Geschichten, die wir erzählen, eine erstaunliche und nachhaltige Wirkung haben? Kinder lernen von den Geschichten, die sie hören; sie gehen mit den Gestalten der Märchen und Sagen um, nehmen an ihrem Schicksal teil, leiden mit ihnen, freuen sich mit ihnen, kurz: sie steigen in deren Schicksal ein, sie identifizieren sich mit ihnen, entdecken sich selbst im Spiegel dieser Gestalten.

In einer chaotischen Welt, ungeklärt und ungedeutet, kann ein Kind nicht leben. Geschichten haben eine erstaunliche Kraft, die komplizierte Welt etwas verstehbarer zu machen. Es gibt Geschichten, die sich als Schlüssel entpuppen und das Verrätselte und Unbegreifliche der Welt ein Stück weit erschließen. Solche Geschichten brauchen Kinder, in denen sie sich wiedererkennen können, die ihnen die Größe und die Gefährlichkeit der Welt zeigen, das Licht und die Dunkelheit, die auch die Abgründigkeit des Daseins nicht verschweigen, aber doch Mut machen, einen Weg zu suchen und ein Ziel zu finden. Man muß in viele und sehr unterschiedliche ›fremde‹ Geschichten verstrickt worden sein, um seine eigene Geschichte zu entdecken.

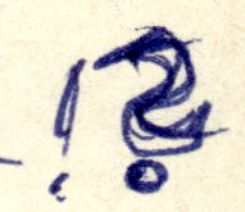

IX

»Zu Lebzeiten des Moses«, so beginnt ein persisches Märchen, *»lebte ein armer und mittelloser Wasserträger. Eines Tages ging er zu dem Propheten und sprach zu ihm: ›Bin ich selber und ist der Vorsteher der Kaufmannschaft unserer Stadt nicht gleichermaßen ein Sklave Gottes? Wenn dem aber so ist, warum besitzt er dann so viele Güter, daß er sie nicht mehr zählen kann, während ich nicht einmal einen Seufzer zu verkaufen habe?‹ Moses antwortete ihm: ›Der Herr der Welt hat am ersten Tag jedem Wesen auf die Stirn geschrieben, was ihm an Gütern zusteht, nichts mehr und nichts weniger.‹«*

So könnte ein frommes Traktat enden. Gott hat jedem sein Geschick zugedacht; gegen diese Instanz kann es keinen Widerspruch geben; jeder muß sich mit dem ihm zugedachten Anteil zufriedengeben; eine Rebellion gegen Gott hat wenig Chancen auf Erfolg. Aber unsere Geschichte ist kein Traktat, das Märchen findet sich mit dieser glatten Antwort nicht ab. Und so wundern wir uns nicht, daß der arme Wasserträger wieder zu Moses geht und ihm bei seinem Gang auf den Berg Sinai den Auftrag gibt: *»Fragt Gott in meinem Namen, ob es möglich ist, den Federstrich, den er mir am ersten Tag auf die Stirn gezeichnet hat, ein bißchen* *abzuändern. Ich möchte endlich wissen, wie lange ich noch Wasser schöpfen und im Elend leben muß.«* Moses ist skeptisch: Gott verändert keinen seiner Federstriche, wo käme er da hin. Was er bestimmt hat, das bleibt auf alle Zeiten aufrecht. Und prompt vergißt Moses den Auftrag des armseligen Wasserträgers. Was braucht es auch noch eine Bestätigung für etwas, was sich von selbst versteht. Aber siehe da, Gott ruft ihn an: *»Moses, warum hast du mir die Botschaft meines Dieners nicht ausgerichtet?«* Und das Unerhörte geschieht: *»Moses, sag ihm, ich hab geändert, was ich vorgezeichnet hatte.«*

Und nun kann die Geschichte erst richtig beginnen, jetzt, wo das düstre Geschick nicht mehr als unausweichliches Diktat erscheint, wo Überraschungen wieder möglich sind und das Ungeahnte sich ereignen kann. Selbst in der islamischen Frömmigkeit gibt es nicht nur den frommen Fatalismus, sondern auch die ›fromme Rebellion‹: es muß doch möglich sein, die scheinbaren Zwänge aufzubrechen. Gott liebt den Wasserträger, wie er Ijob geliebt hat, der auch nicht alles klaglos hingenommen hat, was ihm aufgebürdet und zugemutet wurde.

X

Solche Geschichten also haben wir nötig. Sie helfen uns, von der dumpfen Einstellung erlöst zu werden, alles laufe nun einmal nach einem unverstehbaren und unkorrigierbaren Gesetz ab, das blind waltet und den makabren Charakter der Sinnlosigkeit hat. Wer kann immer im Käfig sitzen in dem Gefühl, es gebe keinen Ausweg? Erhart Kästner hat einmal die Behauptung aufgestellt, der Gegenwartsmensch halte die Moira immer noch für die große anonyme Gottheit. *»Wir haben die Moira immer zur großen Gottheit gemacht: nicht Gottheit, nur großer Niemand, allwaltendes Garnichts!«*

Gegen ein solches fatales Grundgefühl kann man nicht argumentativ ankämpfen; die dunkle Macht der Resignation, die uns in die Verzweiflung treibt, läßt sich so nicht packen. Aber wir können dagegen an-erzählen. Ist nicht in unzähligen Geschichten davon die Rede, daß Menschen mit dem Schicksal kämpfen? Selbst mit dem Drachen nehmen sie es auf und lassen sich nicht entmutigen, auch wenn immer neue Drachenköpfe aus dem Rumpf wachsen.

Aber haben Geschichten wirklich eine solche Kraft, daß sie einen Menschen aus seinen Verfestigungen und Erstarrungen herausholen können? Die

Geschichten alleine schaffen es natürlich nicht, aber sie können eine erstaunliche Wirksamkeit entfalten. Auf seltsame Art setzen sie sich fest, bewegen uns im Innern, lassen sich nicht abschütteln und lenken uns in eine Richtung des Denkens, die wir vorher noch gar nicht bedacht haben.

Die Geschichten, vor allem viele Märchen, machen Mut! Sie sagen: was du als dein dir zugedachtes Geschick ansiehst, vielleicht hast du es dir selber zusammengebraut, vielleicht glaubst du zu einfallslos daran. Und andere haben dir eingeredet, du seist ein Einfaltspinsel, ein Mensch mit zwei linken Händen, ein Dummbart. Aber in dir steckt noch etwas ganz anderes! Warum läßt du es nicht heraus?

XI

Haben wir nicht im christlichen Glauben eine andere Basis geschenkt bekommen, von der wir das Problem des Schicksals lösen können? Im Reich der Gnade haben doch die Schicksalsmächte der Moiren und der Nemesis keine Bedeutung mehr; hier gibt es keine unausweichliche Tragik. Uns ist ein Reich der Freiheit verheißen: Heil wird ermöglicht, weil es Vergebung von Schuld gibt, weil das Verbogene wieder zurechtgerückt werden kann, weil das Todverfallene nicht dem Untergang überantwortet wird. Und wir schauen nicht nach mythischen Heilbringern aus, sondern dürfen auf Jesus vertrauen, der einen neuen Weg gewiesen und eine neue Botschaft gebracht hat.

Aber auch unser Dasein bleibt von vielen Determinanten bestimmt, die wir nicht durchschauen können; auch wir geraten in Situationen, die wir nicht begreifen und die uns leidvoll erscheinen. Die Zuversicht, die wir im Glauben angeboten bekommen, liegt im Vertrauen darauf, daß die Welt, in der wir leben, kein chaotisches Gebilde ist, von dämonischen Mächten beherrscht und von anonymen Wesen durchzogen, denen wir hilflos ausgeliefert sind, sondern daß sie eine von Gott gewollte ›Schöpfung‹ ist und von ihm auf ein Ziel gerichtet. In dieser Welt herrschen zwar Kampf und eine dauernde Auseinandersetzung, aber die Kunde vom fürsorglichen Gott und die Botschaft von der begründeten Hoffnung haben das Gesetz von der ausweglosen Tragik außer Kraft gesetzt. Die Bibel stellt uns Gott als einen Liebhaber der Freiheit vor, nicht des Zwanges und der Übermächtigung. Er lädt ein und sucht unsere Zustimmung zu gewinnen.

Und weil unsere Freiheit so gefährdet ist, weil sie verspielt und drangegeben werden kann, tritt Gott selbst für sie ein, um sie zu hüten. Ein solcher Glaube soll nicht beruhigen, beschwichtigen oder vertrösten, sondern kann Mut machen, Anfangskräfte wachrufen und den Freiheitsraum vergrößern. Das Bildwort von der ›Vorsehung‹ soll nicht bedeuten, daß Gott wie ein Marionettenspieler die Fäden zieht und wir Menschen nur das auszuführen hätten, was er von Ewigkeit her festgelegt hätte, sondern gerade umgekehrt, daß seine Güte und sein Heilswille alles Leben umfaßt.

XII

Im konkreten Einzelfall eines Menschenlebens (auch eines christlich verstandenen Weges) muß jeder Einzelne seine Situation zwischen Notwendigkeit und Freiheit erkennen. Der Entscheidungsfreiraum ist ja nicht unbegrenzt, aber es gilt den Punkt zu erkennen, wo die Eigenständigkeit und Selbstverantwortung ansetzt. Am Beispiel einer großen Zeugengestalt unseres Jahrhunderts sei angedeutet, wie ein Christ sein Leben in einer ausweglos erscheinenden Situation aus dem Glauben heraus zu verstehen suchte, indem er das Spannungsfeld von ›Freiheit‹ und ›Schicksal‹ nicht leugnete, sondern eine Daseinsdeutung gerade in der ausgehaltenen Polarität suchte.

Dietrich Bonhoeffer, ein evangelischer Theologe der ›Bekennenden Kirche‹, wurde am 5. April 1943 wegen ›staatsfeindlicher Aktivitäten‹ verhaftet und saß anschließend fast zwei Jahre in Berliner Gefängnissen ein, ohne einen Prozeß gemacht zu bekommen. In den letzten Kriegswochen wurde er noch in das Konzentrationslager Flossenbürg gebracht und dort am 9. April 1945 ermordet.

Im Gefängnis war der an aktives Leben gewohnte Bonhoeffer plötzlich zur Untätigkeit verurteilt; er konnte nur noch lesen, nachdenken und Briefe schreiben, die der Gefängnisgeistliche – unter eigenem hohen Risiko – nach draußen schmuggelte. Am 21. 2. 1944 schrieb er:

Wir müssen dem ›Schicksal‹ – ich finde das ›Neutrum‹ dieses Begriffes wichtig – ebenso entschlossen entgegentreten wie uns ihm zu gegebener Zeit unterwerfen. Von ›Führung‹ kann man erst jenseits dieses zwiefachen Vorgangs sprechen, Gott begegnet uns nicht mehr als ›Du‹, sondern auch ›vermummt‹ im ›Es‹, und in meiner Frage geht es also im Grunde darum, wie wir in diesem ›Es‹ (›Schicksal‹) das ›Du‹ finden, oder, mit anderen Worten: wie aus dem ›Schicksal‹ wirklich ›Führung‹ wird. Die Grenzen zwischen Wider-

stand und Ergebung sind also prinzipiell nicht zu bestimmen; aber es muß beides da sein und beides mit Entschlossenheit ergriffen werden. Der Glaube fordert dieses bewegliche, lebendige Handeln. Nur so können wir die jeweilige gegenwärtige Situation durchhalten und fruchtbar machen.[3]

Bonhoeffer ist also ebenso weit entfernt von einer unbesehenen Schicksalsergebenheit wie von einem radikalen Aufbäumen gegen das Schicksal. In den dunklen Komponenten der Geschichte (auch der persönlichen) können noch Sinnpartikel zu finden sein, aber man muß sie suchen und fruchtbar machen. Es gibt die Stunde des Protestes und des Widerstandes, aber es gibt auch die Stunde der Ergebung und des Einverständnisses.

Einige Wochen später, am 9. 3. 1944 schrieb er Beobachtungen auf, wie Menschen seiner Umgebung auf Fliegeralarm und Bombenangriffe reagieren, und er registrierte dabei noch Reste eines Vertrauens an irgend etwas ›Übersinnliches‹, auch wenn es sich nur noch in abergläubischen Bräuchen manifestiert:

1. ›Drücke mir den Daumen‹ hört man hier unzählige Male am Tag; es wird dem teilnehmenden Gedanken also irgendeine Kraft zugesprochen und man will sich in entscheidenden Stunden nicht allein, sondern von anderen unsichtbar begleitet wissen.

2. ›Unberufen‹ und ›Holz anrühren‹ ist der allabendliche Ausruf bei der Erörterung der Frage, ›ob sie heute noch kommen oder nicht‹; eine Erinnerung an den Zorn Gottes über menschliche Hybris, ein metaphysischer, nicht nur moralischer Grund zur Demut.

3. ›Keiner entgeht seinem Schicksal‹ und als Folge daraus, daß jeder dort bleiben soll, wo er hingestellt ist. Christlich interpretiert, könnte man in diesen drei Punkten die Erinnerung an Fürbitte und Gemeinde, an Zorn und Gnade Gottes und an die göttliche Führung finden. Zu diesem Letzten gehört noch der hier sehr oft gebrauchte Satz: ›Wer weiß, wozu es gut ist!?‹[4]

Auch in der Ausgesetztheit und relativen Isolation eines Gefängnisses bringt es Bonhoeffer noch fertig, Spurenelemente und Relikte des Glaubens bei Menschen zu suchen, die sich nur noch locker dem Christentum zugeordnet wissen. Wie gehen sie mit ihrem Schicksal um? Auf welche Weise versuchen sie einen Sinn im Chaos der Ereignisse zu entdecken?

[3] *Dietrich Bonhoeffer,* Widerstand und Ergebung. Briefe und Aufzeichnungen aus der Haft. Hrsg. von E. Bethge., München (1951) 1964, 113.
[4] A.a.O., 119.

Ihm selbst gelang es immer deutlicher, die Gefängniszeit für gedankliche Arbeit zu nutzen, in Konturen entstand eine ganze Theologie. Aber auch sein persönliches Geschick kann er – bei allem Leid, das er durchmachen und bei aller Unsicherheit, die er erdulden muß – als sinnvoll anerkennen. Am 9. 5. 1944 schreibt er:

»Ich glaube, daß mir nichts Sinnloses widerfährt und daß es für uns alle gut so ist, wenn es auch unseren Wünschen zuwiderläuft. Ich sehe in meinem gegenwärtigen Dasein eine Aufgabe und hoffe nur, daß ich sie erfülle.«[5]

Es läßt sich bei Dietrich Bonhoeffer gut beobachten, wie sich in seinem Leben und Handeln ein dauerndes Auspendeln von Widerstand und Ergebung ereignet, von Rebellion und Einverständnis. Eine generelle Lösung läßt sich nicht finden, nur für die gegenwärtige Stunde kann ich eine Entscheidung treffen. – Ob hier nicht ein Modell gefunden wurde für die Lösung dieser schwierigen Aufgabe?

XIII

Im Umgang mit anderen Menschen (vor allem jungen) werden wir häufig auf zwei unterschiedliche Grundtypen stoßen: der eine neigt dazu, sich schnell mit dem vorgefundenen Schicksal abzufinden (wenn auch vielleicht zähneknirschend); er ist der Meinung, man könne sowieso nichts gegen das unheimliche und undurchschaubare Schicksal unternehmen. Der andere wird eher rebellisch, lehnt sich gegen die scheinbare Unausweichlichkeit auf und setzt alle Mittel ein, doch noch einen Ausweg zu finden. Im Notfall muß man mit dem Kopf durch die Wand.

Wer diesen grundverschiedenen Menschen helfen will, muß im Umgang mit ihnen unterschiedliche Akzente setzen. Dem einen muß der Rücken gestärkt werden, damit er sich nicht so schnell mit einem (vielleicht nur scheinbar blinden) Fatum abfindet und die Neigung zur Resignation überwindet. Durch die Besinnung auf seine noch unentfalteten Kräfte könnte sein Selbstbewußtsein und seine Eigenständigkeit gefestigt werden, sodaß sein Freiheitsraum wächst. – Dem

[5] A.a.O., 139.

andern dagegen muß aufgehen, daß wir keine absoluten Herren über unser Schicksal sind, sondern Grenzen erkennen müssen. Es gibt Sachverhalte, die nicht in meine Entscheidung gelegt sind, die ich vorfinde und deshalb akzeptieren muß, wenn ich mich nicht selbst unglücklich und permanent unzufrieden machen will.

Wenn ich also mit jungen Menschen umgehe und einen beobachte, der mit seinem Schicksal hadert und am liebsten aus seiner Haut fahren möchte, um in eine andere hineinzuschlüpfen, dann werde ich ihm vielleicht sagen: »Gib nicht so schnell auf! Besinn dich auf das, was gerade dir als besondere Gabe mitgegeben worden ist. Es mag sein, daß von dir etwas erwartet wird, was sonst kein anderer leisten kann. Vergleich dich doch nicht dauernd mit anderen! Laß dich nicht vom äußeren Schein täuschen! Entdecke lieber die verborgenen Kräfte in dir, die du bisher noch gar nicht richtig wahrgenommen hast.«

Einem anderen, der sich selbst überschätzt und seine eigenen Grenzen noch nicht erkannt hat, muß ich dagegen etwas sagen, was den Gegenpol betrifft: »Du stehst in einem großen Zusammenhang, in einem komplizierten Beziehungsgeflecht. Übernimm dich nicht, sonst ist – bei einem Scheitern – die Enttäuschung zu groß. Es gibt in unserem Leben Faktoren, die uns Grenzen setzen; wir müssen sie anerkennen, sonst handeln wir unklug, weil wir gegenüber der Wirklichkeit blind sind. Vor allem aber: Kein Mensch ist nur für sich und um seinetwillen da. Schau nicht nur auf deinen Weg, sondern achte auch darauf, wo dich die anderen brauchen. Irgendwann bist du auch mal am Ende mit deinen eigenen Kräften; dann ist es gut, wenn jemand da ist, der sich auch nach dir umschaut.«

Und einem dritten, der sich immer benachteiligt fühlt und den Eindurck hat, daß er permanent zu kurz kommt und übersehen wird, sage ich vielleicht: »Es ist schon gut, daß du kämpfst und dich durchzusetzen versuchst. Nicht alles, was man uns aufbürdet, müssen wir wirklich tragen. Es gibt auch unnötige Lasten, die wir mit Recht abschütteln. Aber es bleibt immer noch eine gehörige Tracht übrig, die gehört zu unserem Leben. Vor unserem persönlichen Geschick können wir nicht davonlaufen. Wollen wir nicht Illusionen verfallen, dann müssen wir zu unterscheiden lernen, wo wir kämpfen müssen und wo uns auch einmal Leiden abverlangt werden, wo wir uns behaupten und wo wir zu Kompromissen bereit sein sollen.«

Hie und da werden wir einem begegnen, der unterschiedlos alles, als gottgewollt annimmt, was ihm widerfährt. Eine Weigerung würde ihm wie

Unglaube vorkommen. »Vielleicht«, sage ich ihm, »ist das gar nicht dein dir zugedachtes Schicksal, was du erlebst, sondern ein Unglück, gegen das du dich schützen, oder eine Zumutung, gegen die du dich zur Wehr setzen mußt. Erklär dich nicht zu schnell einverstanden! Verliebe dich nicht in das Fatum, das dunkle Schicksal, sonst bleibt es dir treu und nimmt dir die Kraft. Und glaube ja nicht, wir könnten nichts unternehmen, uns wären die Hände gebunden! Erst wenn wir etwas anpacken und Mut zum Handeln bekommen, wachsen uns auch Kräfte zu.«

Es ist eine schwierige Aufgabe, die wir als Eltern, Erzieher und Lehrer aufgebürdet bekamen. Wir sollen die Jungen und Mädchen in ihrer konkreten Situation erfassen, sollen möglichst ihre unterschiedlichen Voraussetzungen wahrnehmen, damit wir solche Akzente setzen können, die gerade jetzt gebraucht werden. Was dem einen Brot auf seinem Weg ist, wirkt sich beim anderen wie Gift aus, was den einen ermutigt, führt den anderen zur Resignation. *»Jeden mit anderer Stimme ruft Gott«,* heißt es bei Hans Carossa. Jeden mit anderer Stimme müßten auch wir junge Menschen ansprechen können. Auch das Glück schaut bei jedem anders aus, allerdings, die Erfahrung des Glückens, des gelingenden Lebens, haben wir in unserem Dasein nötig. *»Das Glück bringt das Leben zum Blühen«,* hat Romano Guardini gesagt[6]. Es ist sehr tröstlich, daß es ganz unterschiedliche Glücksblüten gibt, sodaß ein schöner Garten mit den vielfältigsten Blumen entsteht, wenn jeder von uns ›sein‹ Glück findet.

XIV

Märchen haben ihre eigene Weisheit. Horchen wir hin, dann werden wir in ganz unterschiedliche Schicksale verstrickt, nehmen Anteil am Leiden und an der Glückseligkeit der variabelsten Charaktere. Aber beim Hören und Lesen werden wir merken: manche Gestalten sind uns näher, andere ferner. Manche kommen uns so nah, daß wir uns mit ihnen identifizieren, ohne es recht zu merken. Vielleicht entdecken wir etwas in ihnen von dem, was in uns angelegt ist, ohne daß es schon richtig ans Tageslicht gekommen wäre. Eine solche Geschichte bleibt bei uns haften; sie klammert sich in unserem Gedächtnis

[6] *Romano Guardini,* Freiheit, Gnade, Schicksal. München 1948 ([6]1979), 226.

fest, wird von der Phantasie aufgegriffen und weitergesponnen. Vielleicht provoziert sie uns dazu, das selbstgebastelte Gehäuse unserer derzeitigen Wirklichkeit zu verlassen und ein uns gemäßeres Haus zu suchen. Märchen sind ja Suchgeschichten, als Hörer werden wir auf einen Weg gelockt, hoffentlich haben wir auch Findeglück.

Das Märchen kennt die Tragik nicht; es gibt dort nicht den heroischen Untergang, das klägliche Scheitern. Gerade dieser Zug im Märchen (jedenfalls in den meisten) ist unser Bundesgenosse. Es werden uns positive Impulse angeboten, wie das Leben zu meistern ist, auf welche Weise der Verachtete zu Ansehen, wie der Verkannte zu seinem Recht kommt, wie der von der Natur schlecht Ausgestattete mittels der List doch noch ans Ziel gelangt. Und wir haben die Hoffnung, daß der Freiheitsraum, der sich dem Märchenhelden öffnet, auch uns eine Gasse bahnt. *»Vom Glauben an die Unfreiheit frei werden heißt frei werden«*, sagt Martin Buber[7].

XV

»Es waren einmal zwei Bauern, die lebten nicht weit voneinander. Der eine war reich, der andere war arm. Der Arme war freilich auch ein fleißiger Arbeiter, aber dennoch wurde er nicht reicher als er war.

Einmal ging er nachts aufs Feld, um dort nachzuschauen, aber – o Wunder – was sah er da? Er sah, wie ein Mann auf dem Feld des Reichen Roggen säte.

»Was tust du hier?« fragte der Arme.

»Ich säe Roggen!« war die Antwort.

»Nun, wann kommst du denn auf mein Feld säen?« fragte der arme Mann.

»Niemals.«

»Weshalb säst du denn auf dem Felde des andern?«

»Ja, ich bin eben sein Glück!«

»Nun, wo ist denn mein Glück?« fragte der Arme.

»Dein Glück schläft dort neben jenem großen Stein«, sprach der Sämann.

[7] *Martin Buber,* Ich und Du, Köln 1962, 71.

[8] ›Der Glückliche und der Unglückliche‹. Ein estnisches Märchen. Aus: *Otto Betz/Ilse Hahn* (Hrsg.), Tausend Tore in die Welt. Märchen als Weggeleit. Freiburg 1985, 290.

»Der Arme eilte zum Stein, um sein Glück zu wecken.
»Höre, Mann, steh auf und geh Roggen säen!«
»Ich gehe nicht«, antwortete der Schläfer.
»Ja, warum gehst du denn nicht?« fragte der Arme.
»Nun, ich bin doch kein Landwirtsglück.«
»Aber du bist doch mein Glück!«
»Ja freilich«, sagte der Schläfer; wähl dir nur ein anderes Handwerk, dann werde ich schon dein Glück sein.«
»Was soll ich denn werden?« fragte der Arme.
»Werde Kaufmann!«
Sogleich ging der Mann nach Hause, verkaufte sein Haus und eröffnete in der Stadt einen Laden. Nun bekam er sein Glück – und er lebt heute noch glücklich.[8]

1
Die Verheißung wird sich erfüllen

Kaukasisches Märchen

Eines Tages verlangte es den Schah, sich verkleidet und unerkannt in seinem Reiche zu ergehen. Als er mit seinem Wesir lange herumgeritten war, wurde er durstig, sie fanden aber nirgendwo Wasser. Endlich entdeckten sie in der Ferne Schilfrohr und der Schah sagte: »Wo sich Schilfrohr findet, da wird sich auch Wasser finden lassen. Laß uns dorthin gehen.« Sie erreichten auch das Schilfgebiet, suchten die Gegend ab, bis sie eine Quelle entdeckten. Dort lagerten sie, holten ihren Proviant heraus und begannen zu essen und Wasser zu trinken.

Als sie nun aber Spuren entdeckten, gingen sie diesen nach, bis sie im Dickicht eine Hütte fanden, von einem uralten Greis bewohnt. Sein Bart reichte ihm bis zu den Knien, er saß da und schrieb mit einer Feder. Sie fragten ihn: »Wer bist du? Und was schreibst du da auf?« Er gab ihnen zur Antwort: »Meine Aufgabe ist es, den Menschen ihr Schicksal aufzuschreiben. Ich bin der Schicksalsschreiber.«

Da wurde der Schah neugierig. Er sagte: »Mir ist vor kurzer Zeit eine Tochter geboren worden.

Was hast du ihr für ein Schicksal bestimmt? Lies mir vor, was du aufgeschrieben hast.« Der Alte blätterte in seinem Buch und sagte: »Am gleichen Tag, an dem deine Tochter geboren wurde, ist auch ein Hirtensohn zur Welt gekommen. Deine Tochter wird diesen Hirtensohn zum Mann bekommen. In deinem Haus wird die Hochzeit gefeiert werden.« Da wurde der Schah wütend, zog sein Schwert hervor und wollte sich auf den Greis stürzen. Aber dann zögerte er, weil er annahm, der Alte habe ihn zum Narren halten wollen. Er sagte bei sich: »Ich bin verkleidet; kein Mensch kann wissen, daß ich der Schah bin.« Laut sagte er: »Wer ist dieser Hirte? Sage mir, wo er wohnt, damit ich ihn finden kann.« Da bekam er die gewünschte Auskunft, und der Schah zog mit seinem Wesir davon.

Nach einer langen Reise fanden sie schließlich das Dorf, fanden auch das Haus des Hirten. Sie wurden als Gäste aufgenommen. Am nächsten Morgen sagte der Schah zu dem Hirten: »Ich habe eine Bitte, schlagt sie mir nicht ab.« Der Hirte antwortete: »Rede nur. Wenn es in unserer Macht ist, wollen wir deine Bitte erfüllen.« Darauf machte ihm der Schah folgenden Vorschlag: »Überlaß mir deinen kleinen Jungen. Du und deine Frau, ihr seid jung, ihr werdet noch mehr Kinder bekommen. Ich werde euren Sohn sorgsam aufziehen, und euch will ich so viel Gold dafür geben, daß ihr euch ein größeres Haus bauen und besser leben könnt.« Und wirklich übergab ihm der Hirte seinen kleinen Sohn, bekam dafür eine Menge Gold, während sich der Schah mit seinem Wesir wieder auf den Weg machte.

Nach einiger Zeit kamen sie durch ein abgelegenes Dickicht. Der Schah übergab das Kind dem Wesir mit dem Auftrag: »Bring es vom Leben zum Tod. Der Spruch soll nicht in Erfüllung gehen, daß ein Hirtenjunge die Tochter des Schah heiraten wird.« Der Wesir aber brachte es nicht übers Herz, das in Windeln gewickelte Kind umzubringen. Er legte es nur im Unterholz nieder und dachte bei sich: es wird bald sterben, weil es keine Nahrung bekommt. Bei seiner Rückkehr fragte der Schah ihn: »Nun, wird der kleine Kerl meine Tochter heiraten?« Die Antwort war: »Mit seinem zerschmetterten Kopf wird er weder deine Tochter noch sonst jemanden heiraten können.«

Das Wickelkind lag im Dickicht und schrie aus Leibeskräften. Eine Hirschkuh nährte in der Nähe ihre Jungen. Als sie das Geschrei hörte, kam sie auch zu dem Kind und ließ ihn an ihren Eutern trinken. Mehrmals am Tage machte sie es so.

Die Mutter des Kindes aber bekam wehe Brüste, weil sie nun kein Kind mehr hatte, das bei ihr genährt wurde. Und sie hatte eine solche Sehnsucht nach ihrem Kind, daß sie ihren Mann auf den Weg schickte: »Geh dem unbekannten Reichen nach und bring mir mein Kind zurück, auch wenn wir das viele Gold wieder verlieren.« Da machte sich der Hirte auf die Suche und als er zu dem Dickicht kam, fand er plötzlich sein Kind, und er konnte es nicht fassen, daß der Mann das Kind wieder im Stich gelassen hatte, obwohl er es für einen so hohen Betrag erworben hatte.

So bekam die Frau ihr Kind wieder zurück, so daß ihre Brüste heilten. Und das Gold konnten sie auch behalten, so daß sie gut lebten und ihren Sohn auf die hohen Schulen schicken konnten. Er war ein aufgeweckter Kerl, wohlgelitten bei allen, die ihn kannten, so daß die Leute wohl manchmal sagten: aus dem wird noch einmal etwas Besonderes werden.

So vergingen die Tage und die Jahre. Zwanzig Jahre waren ins Land gegangen, da kam der Schah auf die Idee, wieder einmal durch das Land zu streifen und die Orte zu besuchen, die sie vor so langer Zeit durchforscht hatten. Er setzte einen Statthalter ein, der die Verwaltung des Reiches besorgen sollte, und begab sich mit seinem Wesir wieder auf die Reise. So kamen sie auch zu dem Ort, wo der Hirte wohnte. Aber es stand da keine Hütte, sondern ein prächtiges Haus, so daß man staunend stehen bleiben mußte. Als sie in das Haus eintraten, wurden sie von einem schmucken jungen Mann begrüßt, der klug war und anmutige Umgangsformen hatte. Kaum hatte der Schah ihn gesehen, da war ihm klar: das ist das Kind, das die Verheißung bekommen hat. Seinem Wesir flüsterte er zu: »Du hast ihn also doch nicht getötet.« Der aber gab zur Antwort: »Es muß ein Nachgeborener sein. Das Kind von damals kann uns nicht mehr gefährlich werden.«

Mit Staunen und Erschrecken beobachtete der Schah den geschickten Burschen, der sie bediente und es ihnen gemütlich machte. Plötzlich bekam er eine Idee. Er rief den jungen Mann und sagte zu ihm: »Könntest du mir einen großen Dienst leisten? Ein wichtiger Brief von mir muß zum Statthalter des Reiches gebracht werden. Wenn du ihn überbringst, bekommst du einen schönen Botenlohn.« Als der Bursche seine Zustimmung gab, setzte sich der Schah abseits an einen Tisch und schrieb: »Sobald dieser Bursche bei dir ankommt, ergreif ihn und laß ihm den Kopf abschlagen. Höre und befolge.«

So machte sich der junge Mann auf den Weg zum Palast des Schah; den Brief hatte er in einem Beutel um den Hals gehängt. Als er in der Residenzstadt angekommen war, fühlte er sich müde und legte sich im Palastgarten unter einen Baum. Es war noch nicht viel Zeit vergangen, da trat die Tochter des Schah aus dem Haus, um im Garten spazierenzugehen. Unter dem Baum sah sie den schmucken Burschen liegen und fest schlafen. Sie betrachtete ihn ohne Unterlaß, bis ihr beinahe die Sinne schwanden. Als sie so dastand und ihre Augen von ihm nicht abwenden konnte, bemerkte sie den Lederbeutel, den der Jüngling umgehängt hatte; ein versiegelter Brief ragte ein Stück weit heraus. Vorsichtig holte sie den Brief heraus und erkannte gleich die Handschrift ihres Vaters. Sie löste das Siegel und las darin die Aufforderung, den Burschen sofort zu töten. »Was ist denn in meinen Vater gefahren, daß er einen solchen Goldschatz umbringen will?« fragte sie sich. Gleich war sie fest entschlossen, das Ihre dazu beizutragen, damit dieser Befehl ins Gegenteil gekehrt würde.

Eilends lief sie in ihr Zimmer und schrieb – in der Handschrift ihres Vaters – einen neuen Brief: »An den Statthalter. Sobald dieser Bursche ankommt, vermähle ihn mit meiner Tochter. Höre und gehorche!« Darauf steckte sie den Brief wieder dem jungen Mann in seinen Lederbeutel und verbarg sich hinter den Büschen des Gartens. Als sie merkte, daß er aus seinem Schlaf erwachte, meldete sie dem Statthalter, ein fremder junger Mann liege im Garten, es sei wohl ein Bote. Sofort ließ man den Burschen holen; er überreichte dem Statthalter den Brief. Mit Verwunderung las der die Botschaft, ließ aber gleich die Wesire und Nasire zusammenrufen, und es wurde die Hochzeit gefeiert, bevor der junge Mann recht wußte, was da eigentlich gespielt wird. Weil ihm aber die Tochter des Schah über die Maßen gefiel, war er gerne bereit, das Spiel mitzuspielen. So feierten sie denn sieben Tage lang, sieben Nächte lang, aßen und tranken und waren vergnügt.

Die Monate gingen ins Land. Nach neun Monaten wurde dem jungen Paar ein prächtiges Kind geboren, ein Junge, so daß alles Volk in Jubel ausbrach. Dann aber kam der Tag der Heimkehr des Schah, die Tochter hörte es mit Angst; denn sie wußte nicht, wie ihr Vater all die Geschehnisse aufnehmen würde. Deshalb erzählte sie ihrem Mann die ganze Geschichte vom Scheitel bis zur Sohle und riet ihm: »Nimm unser Kind und geh meinem Vater entgegen, leg es ihm in die Arme mit den Worten: dies ist unser Begrüßungsgeschenk für dich. Gib uns deinen Segen, lieber Vater.«

Und wirklich ging er – sein Kind im Arm – auf den Schah zu. Als dieser ihn sah, erkannte er ihn gleich; es schwanden ihm fast die Sinne vor Zorn. Sofort ließ er den Statthalter rufen und schrie ihn an, er habe gegen seinen ausdrücklichen Befehl gehandelt. Man solle diesen unwürdigen Knecht sofort enthaupten. Der Statthalter antwortete: »Hoch lebe der Schah! Ich habe nach deinem Befehl gehandelt. Hier ist der Brief, den ich von dir empfangen habe.« Dem Schah schwindelte es vor Augen, als er den Brief mit seinem Siegel und seiner Unterschrift sah. »Was habe ich nicht alles getan, um dem Schicksalsspruch zu entkommen«, sagte er, »es war mir nicht vergönnt. Alles, was ich getan habe, trug nur dazu bei, daß sich die Verheißung erfüllte.« Und es schwand sein Groll, die Liebe zu seinem Kind bekam die Übermacht. Deshalb gab er den Auftrag, man solle die Hochzeit noch einmal feiern, damit auch er sich daran erfreuen könne.

So hat sich das Schicksal erfüllt, das für die Tochter des Schah und den Sohn des Hirten vorgesehen war. Ob auch wir unser Schicksal erfüllen?

2
Der geheimnisvolle Alte

Serbokroatisches Märchen

Drei Brüder lebten im gleichen Haus. Zwei waren schon verheiratet, der dritte und jüngste aber noch nicht, dafür war er ein rechter Gernegroß. Eines Tages setzten sich die drei zusammen und teilten das väterliche Erbe. Die Älteren sagten zum Jüngsten: »Das hier ist dein Anteil. Geh sorgsam damit um! Mehr hast du nicht zu erwarten.« Der Jüngste freute sich, konnte aber mit Geld und Gut nicht umgehen. Statt zu arbeiten, machte er sich schöne Tage, vergeudete sein Erbe und wunderte sich, daß er eines Tages nur noch eine leere Tasche übrig behielt. Von den älteren Brüdern war nichts mehr zu erwarten, sie sagten ihm: »Wir haben dich lange genug durchgefüttert. Zieh, wohin du willst, vielleicht kannst du draußen in der Welt dein Glück finden.« Was sollte der Junge machen? Er war es nicht gewohnt, durch harte Arbeit sein Brot zu verdienen. Er machte sich aber doch auf den Weg und dachte bei sich: »Ich will sehen, wo es mich hintreibt. Vielleicht fügt es Gott, daß ich den rechten Weg finde.«

Lange war er durch einsame Gegenden und Waldgebiete gezogen und hatte sich mühsam etwas zu essen gesucht. Als er im Hochgebirge war und nicht mehr ein noch aus wußte, beobachtete er einen alten Mann, der sich bückte und irgendwelche Kräuter pflückte. Der Junge ging zu ihm hin und nahm sich vor, ihm vertrauensvoll nachzugehen, wohin er ihn auch führen wolle. Er ging auf den Alten zu, grüßte ihn freundlich, bekam auch eine Antwort, wurde aber weiter nicht beachtet. Mit gleichbleibendem Eifer suchte er weiter seine Kräuter, die er in seine Umhängetasche steckte. Als die Abenddämmerung hereinbrach, ging der Alte zu seinem Haus; der Junge ging ihm nach, ohne ein Wort zu sprechen, ohne eine Frage zu stellen. Er dachte sich nur immer: »Ich weiß keinen Ausweg, vielleicht kann mir der Alte beistehen.«

Schließlich kamen sie bei einer kleinen Hütte an. Schweigend traten sie ein, schweigend holte der Alte aus einem Schrank ein Stück Brot und teilte es, schweigend aßen sie es auf. Dann bereitete der Alte zwei Lagerstätten und sie legten sich nieder. – Um Mitternacht wurde der Junge plötzlich wach, er hörte eine Stimme, die aus der Erdtiefe dem Alten zurief: »Dreitausend, siebenhundert und fünfzig Kinder wurden in dieser Nacht geboren.« Dann hörte er den Alten sprechen: »So soll es geschehen. Gott möge allen geben, daß sie ihr Auskommen finden, wie ich in dieser Nacht.«

Am Morgen erhoben sich beide von ihrem

Lager. Der Junge verriet nicht, daß er in der Nacht etwas gehört hatte. Als sich der Alte wieder auf den Weg machte, ging ihm der Junge nach, ohne zu sprechen. Wieder sammelte der Alte seine Kräuter, wieder kehrte er am Abend mit seiner gefüllten Tasche zurück. Und wieder schloß sich ihm der Junge an. Diesmal aber kamen sie nicht zu einer Hütte, sondern zu einem hübschen Haus. Auf dem Tisch stand schon eine würzige Suppe, auch Brot und Käse lagen bereit. Sie setzten sich zum Essen und legten sich dann schweigend zum Schlaf nieder. Auch diesmal wurde der Junge um Mitternacht munter, als der Alte aus der Erdtiefe angerufen wurde. Und der Alte antwortete: »So soll es geschehen. Gott möge allen geben, daß sie ihr Auskommen finden, wie ich in dieser Nacht.«

Der nächste Morgen kam. Der Alte machte sich auf den Weg und der Junge begleitete ihn. In den Bergen angekommen, pflückte der Alte seine Kräuter, der Junge ließ ihn nicht aus den Augen bis der Tag sich neigte. – Diesmal kamen sie vor ein großes Haus mit vielen Zimmern und langen Gängen. Diener empfingen sie, geleiteten sie in schöne Räume, in denen sich alles vorfand, was das Herz begehrt. Köche hatten schon die köstlichsten Speisen vorbereitet; an einer herrlich geschmückten Tafel nahmen sie Platz und ließen es sich schmecken. Nach dem Essen und dem Nachtgebet wurde beiden ihr Lager aufgeschlagen und sie legten sich nieder. Mitternacht kam, da hörte der Junge eine Stimme, die aus der Erdentiefe heraufkam: »Zweitausendneunhundert und vierunddreißig Kinder wurden heute geboren.« Darauf antwortete der Alte: »So soll es geschehen. Gott möge allen geben, daß sie ihr Auskommen finden, wie ich in dieser Nacht.«

Dann wurde es wieder Tag; die beiden verließen ihr Lager und wurden zur Kaffeetafel geladen. Nun fing der Alte an zu sprechen: »Drei Tage und drei Nächte ist es her, daß du mich getroffen hast und mir gefolgt bist. Du hast mir nicht deine Lebensgeschichte erzählt; du hast mich nicht unterrichtet, was dich umtreibt; ich habe dich auch nicht danach gefragt. Jetzt aber kannst du mir erzählen.« Und der Junge berichtete ihm von allem, was sich in seinem Leben ereignet hatte, von seinen Brüdern, von seiner Verschwendungssucht und von seinem Auszug, um den rechten Weg zu finden. Und er sagte ihm auch, wie sehr er auf einen guten Rat angewiesen sei.

Der Alte hörte schweigend zu und erwiderte ihm: »Du kannst nun wieder nach Hause zurückkehren; deine Brüder werden dich freundlich aufnehmen. Bleib bei ihnen wohnen und heirate Sophia, ihre Magd. Wenn du das tust, wirst du glücklich werden.« Der Junge wunderte sich, daß er eine Magd heiraten solle, obwohl er doch aus einer vornehmen Familie stamme. »Meine Brüder werden das gar nicht zulassen.« Aber der Alte sagte nur: »Wenn du mir folgst, wird es zu deinem Glück ausschlagen. Du bist in einer solchen Nacht geboren, wie wir es am ersten Abend in der armseligen Hütte erlebt haben. Ein solches Auskommen wirst du haben, aber kein besseres. Die Magd Sophia aber ist an einem Tag geboren worden, wie wir ihn heute erleben durften. Wenn du dich mit ihr verbindest, könnt ihr ein gemeinsames Glück finden. Aber eines möchte ich dir noch sagen: Wenn es euch gut geht und ihr Vermögen erwerbt, dann sage nie ›Mein Vermögen‹, sondern immer nur ›ihr Vermögen‹.«

Staunend hatte der Junge dem Alten zugehört. Voller Dankbarkeit erhob er sich, wurde vom Alten gesegnet und umarmt. Dann sprang er mehr als er ging seiner Heimat entgegen. Seine Brüder waren voller Freude, daß der Jüngste wieder heimgekehrt war und wieder mit ihnen zusammen sein wollte. Als sie aber hörten, er wolle die Magd Sophia heiraten, versuchten sie es ihm mit vielen Worten auszureden. Er aber wollte von keinen anderen Mädchen hören und setzte es schließlich durch, mit seiner Sophia Hochzeit feiern zu können. So bekam er ein Häuschen und ein paar Äckerchen und lebte dort glücklich mit seiner Frau.

Als er eines Tages sein Feld umpflügte, stieß er auf einen Tontopf, in dem sich doch tatsächlich die allerschönsten Goldmünzen fanden. Nun konnte er sein Häuschen erweitern und auch noch ein paar Äcker dazuerwerben. Und als dann auch der Weizen herrlich wuchs, konnte er sich kaum fassen über das Glück, das ihm zuteil geworden sei. Schon standen die Garben gebündelt auf dem Feld und warteten darauf, heimgebracht zu werden, da kam ein fremder Herr und fragte: »Wem gehört denn das alles?« – Er antwortete stolz: »Das gehört alles mir!« Kaum hatte er das gesagt, da kam ein plötzlicher Wind auf, der die Garben in die Luft wirbelte und entführte. Da rief unser Mann schnell: »Nein, nicht mir gehört der Weizen, sondern Sophia!« Da legte sich der Sturm so plötzlich, wie er gekommen war, und er rettete einen Teil der Ernte.

Nun war er kein Faulenzer und Tagedieb mehr. Fleißig machte er sich an die Arbeit, wurde angesehen und einflußreich. Nie aber sagte er von dem Besitz, auf dem er saß, es sei sein Eigentum. Immer betonte er: »Alles gehört Sophia.« So also hat er sein Glück gefunden, auf wunderlichen Wegen.

Und auf welche Weise werden wir zu unserem Glück gelangen?

3
Die wunderbaren Ringe

Serbisches Märchen

Ein Königsohn verliebte sich in die Tochter des Nachbarkönigs und bat seinen Vater, für ihn um die Hand des Mädchens anzuhalten. Der Vater schickte seinem königlichen Nachbarn einen Brief und teilte ihm den Herzenswunsch seines Sohnes mit. Darauf begab sich dieser zu seiner Tochter und fragte sie, ob sie die Frau dieses Prinzen werden wolle. Wenn ja, sollte sie ihm einen Ring als Eheversprechen zusenden. Die Tochter aber antwortete: »Wenn er mir drei Ringe bringt, einen mit dem Licht der Sterne, einen mit dem Schimmer des Mondes und einen mit dem Glanz der Sonne, dann bin ich bereit, ihn zu heiraten.« Der Vater erschrak darüber, aber was sollte er dazu sagen? Er teilte dem Boten des Nachbarkönigs die Wünsche seiner Tochter mit, bat ihn aber gleich, deren Eigenwilligkeit ihm nicht als Schuld anzurechnen.

Der Bote kehrte zu seinem Herrn zurück und berichtete ihm vom Ergebnis seiner Reise. Zunächst wurde der König von Zorn übermannt. Dann aber machte er sich Gedanken, auf welche Weise er die

seltsamen Ringe auftreiben könne. Er ließ also in seinem ganzen Land bekannt machen, daß derjenige große Reichtümer zu erwarten hätte, der ihm solche Ringe beischaffen könne. Alle Aufrufe nützten aber nichts, auch die großen Versprechungen hatten keinerlei Wirkung. Da fiel der Königssohn in eine große Traurigkeit; er hatte an der ganzen Welt keine Freude mehr und wanderte ziellos in der Einsamkeit umher. Bei seinen Streifzügen im wilden Gebirge begegnete er eines Tages einer alten Frau, die am Wegrand saß. Er begrüßte sie mit dem Ruf »Gott hilft!« und wollte vorübergehen. Sie aber rief ihm zu: »Recht hast du gesagt: Gott hilft, du armer unglücklicher, du reicher glücklicher Sohn.« Der Prinz wunderte sich über das Gehörte und fragte, was sie denn mit ihrem Gruß gemeint habe. Darauf bekam er zu Antwort: »Du bist verloren gewesen, aber nun hast du einen Arzt gefunden. Wenn es Gottes Wille ist, wirst du von deinem Kummer befreit.« Als nun der Königssohn seine Geschichte erzählen wollte, unterbrach sie ihn gleich und sagte: »Spar dir deine Worte. Ich weiß schon, wie es um dich steht. Nimm dieses Kräutlein und stecke es dir vorne ins Hemd. Dann löse mir das Haar, die eine Hälfte laß nach vorn, die andere nach hinten fallen. Und bis zum Abend sollst du bei mir bleiben.« Er tat alles so, wie sie es ihm geraten hatte, steckte das Kraut in sein Hemd, löste die schwarzen Haare, wobei einige graue Haare auf den Boden fielen.

Als der Abend hereinbrach, sprach die Alte:

»Gleich wird der Abendstern heraufkommen. Sobald du ihn erblickst, hol das Kraut aus seinem Versteck und rufe: ›Lieber Gott, schenk mir den Ring!‹« Als er es so tat, sprang ihm ein Ring vor die Füße, der leuchtete wie der Abendstern. Nun sagte ihm die Alte weiter: »Bald geht der Mond hinter'm Berge auf, ruf auch ihn an.« Als er es getan hatte, sprang ihm ein Ring entgegen, in dem der Schimmer des Mondes eingefangen war. Als die Nacht vorüber war und das Morgengrauen den Aufgang der Sonne ankündigte, sagte ihm die Alte: »Schau durch meine Haare der Sonne entgegen und rufe dreimal: ›Lieber Gott, schenk mir aus diesem Haar einen Ring mit dem Glanz der Sonne‹«. Als er diese Bitte dreimal ausgesprochen hatte, wurde das Haar zu einem glänzenden Ring.

Der glückliche Königssohn verabschiedete sich von der hilfsbereiten Alten und fragte sie, wie er sich dankbar erweisen könnte. Sie aber bat nur: »Bete für mich, solange du lebst. Ich werde bald dorthin zurückkehren, von wo ich hergekommen bin. Verrate niemandem, wer dir beigestanden hat.«

So kehrte der Prinz wieder in das väterliche Schloß zurück. Seiner Braut schickte er die drei gewünschten Ringe. Nun konnte die Hochzeit gefeiert werden. Die drei wunderbaren Ringe erwiesen sich als Glücksboten. Lange lebten die beiden zusammen, sie erlebten ihre Kinder und Kindeskinder, ihr Reich gedieh in einer langen Friedenszeit. Ich hätte mir gewünscht, damals auch gelebt zu haben.

4
Vor dem Tod kannst du nicht davonlaufen

Persisches Märchen

In China lebte einmal ein mächtiger Kaiser, vor dem die ganze Welt Achtung hatte. Eines Abends kam der Oberste seiner Gärtner zu ihm gelaufen und warf sich atemlos vor ihm nieder. Als er sich etwas gefangen hatte, sagte er zu seinem Herrn: »Du Sohn des Himmels, hoher Herr, als ich eben dabei war, Deine Rosensträucher zu gießen, habe ich den leibhaften Tod gesehen. Er stand hinter einem Baum, lugte hervor und winkte mir mit dem Finger. Sicher will er mich holen. Majestät, wenn Du mir Dein schnellstes Pferd gibst, das so schnell ist wie der Wirbelwind, dann kann ich vielleicht vor ihm fliehen. Ich will mich in Deiner Sommerresidenz verstecken. Wenn ich dorthin gelange, wird mich der Tod nicht finden.«

Der Kaiser hatte seinen Gärtner gern und wollte ihm beistehen, deshalb sagte er ihm: »Nimm mein bestes Pferd. Wer sein Leben retten will, muß alle seine Kräfte einsetzen.« Schon eilte der Gartenmeister zu den Ställen, legte den Sattel auf und galoppierte davon, daß man nur noch eine Staub-

wolke sehen und das Hufgeklapper hören konnte. Nachdenklich ging der Kaiser durch seinen Garten. Plötzlich sah auch er den Tod mitten zwischen den Rosenbüschen stehen. Der Kaiser erschrak nicht, sondern ging ihm entgegen und fragte ihn mit scharfer Stimme: »Warum jagst du meinem Gärtner einen solchen Schrecken ein?« Der Tod machte eine Verbeugung und erwiderte: »Sohn des Himmels, hohe Majestät, verzeih mir, ich wollte Dich nicht erzürnen, und Deinen Gärtner wollte ich auch nicht erschrecken. Ich war selbst überrascht, als ich ihn hier in Deinem Garten erblickte, sodaß ich eine Geste des Staunens gemacht habe. Heute morgen nämlich gab mir der Herr des Himmels den Auftrag, ich solle Deinen Gärtner am Abend in Deiner Sommerresidenz abholen. Du kannst Dir meine Verwunderung vorstellen, daß ich ihn nun hier im Garten antraf. Ich werde noch ein wenig in Deinem Garten verweilen, wenn Du es gestattest, und mich dann in aller Ruhe auf den Weg zu Deinem Sommerschloß machen.«

Da verneigte sich der Kaiser vor dem Tod und noch tiefer vor dem Herrn des Himmels. Und er sagte zu sich: »Nun eilt mein Gärtner auf dem schnellsten Pferd dahin, um seinem Schicksal zu entfliehen, und gerade dadurch eilt er seinem Schicksal entgegen.«

5
Die neidische Schwester

Albanisches Märchen

Ein armer Mann lebte mit seiner Frau auf kümmerliche Weise. Die Frau hatte aber eine Schwester, die in großem Reichtum schwelgte. Die Reiche mochte die Arme nicht ausstehen und wollte sie möglichst überhaupt nicht zu Gesicht bekommen. Nun traf es sich, daß beide Frauen ein Kind erwarteten. Als die Zeit der Niederkunft nahekam, sagte der Arme zu seinen Nachbarn: »Bringt meine Frau zum Badehaus. Wir haben hier nichts zum Vorbereiten. Dort wird schon jemand ihr beistehen.« Nun war aber das Badehaus eine weite Wegstrecke entfernt. Die Arme wurde dorthingebracht und schenkte in der Mitte der Nacht einem Mädchen das Leben. Zur gleichen Zeit kam auch für die reiche Schwester die Stunde und sie gebar ein Mädchen.

Zu der armen Frau kamen die drei Schicksalsfrauen, um dem Mädchen seinen Schicksalsweg zu bestimmen. Die jüngste begann: »So soll es sein: wird dem Mädchen sein Haar gekämmt, dann fallen Diamanten heraus.« Die mittlere sagte: »So soll es geschehen: wenn das Mädchen weint, werden ihm

Perlen aus den Augen fallen.« Die älteste sagte: »So soll es werden: wenn das Mädchen lacht, wird ihm eine Rose auf den Wangen erblühen. Der Königssohn wird sie zu seiner Frau nehmen.«

Die Mutter des Mädchens hatte alle Worte mit angehört. Als die Schicksalsfrauen sich wieder entfernt hatten, machte sie sich mit ihrem Kind auf den Heimweg. Unterwegs traf sie – ohne zu wissen, wer es war – den Königssohn, der mit einer Kutsche durch's Land zog. Er schaute das Kind an und beobachtete, daß dem weinenden Säugling statt der Tränen glänzende Perlen aus den Augen traten. Er sprach nun die Mutter an und sagte: »Gib mir das Kind.« Die arme Frau aber sagte: »Ich kann dir das Kind nicht geben, es wird nämlich einmal die Frau des Königssohnes werden.« Da gab sich der Prinz zu erkennen und wiederholte seine Bitte. Die Mutter sagte daraufhin: »Wenn du wirklich der Sohn des Königs bist, sollst du auch meine Tochter bekommen.« Da zog er einen Ring von seinem Finger, gab ihn der Mutter und sagte: »Halte dein Versprechen.« Darauf fuhr er mit seiner Kutsche davon, die Mutter aber kehrte in ihr Haus zurück. In der Gegend aber erzählten sich die Leute, das neugeborene Kind werde einmal die Frau des Königssohnes werden.

Dieses Gerücht hörte nun auch die reiche Schwester. Voller Neugierde, aber auch neidisch und eifersüchtig, machte sie sich auf, um das seltsame Wunderkind anzuschauen. Sie konnte es gar nicht fassen, daß ihrem eigenen Kind nicht auch eine so leuchtende Zukunft verheißen war.

Als nun das Mädchen ins heiratsfähige Alter kam, rückte der Zeitpunkt näher, es in den königlichen Palast zu bringen. Die reiche Schwester kam mit ihrer Tochter und schlug vor, man solle sich gemeinsam auf die Reise begeben. Also zogen sie zusammen los und wanderten über das Land. Als sie hungrig und durstig in ein Dorf kamen, sagte die Reiche zur Armen: »Geh ins Dorf und besorge dort etwas zu essen und zu trinken. Ich werde derweil die Mädchen hüten.«

Da nahm die Reiche ein spitzes Messer, stach damit dem verlobten Mädchen die Augen aus und warf es in eine Abfallgrube. Als die Arme wieder zurückkam, erzählte ihr die herzlose Schwester: »Deine Tochter muß durch einen Hitzschlag verrückt geworden sein, sie lief plötzlich davon, so schnell, daß ich sie nicht einholen konnte.« Die beiden ausgestochenen Augen aber hatte sie in ihr Brusttuch gesteckt. Die arme Mutter weinte sich fast die Augen aus, aber in ihrer Arglosigkeit glaubte sie der Schwester. Schließlich sagte sie: »Nun hat es keinen Sinn mehr, zum Königspalast zu gehen. Laß uns also wieder heimkehren.« Die Schwester aber redete ihr zu: »Meine Tochter ist ja noch da und am Leben. Wir wollen sie an Stelle deiner Tochter dem Prinzen bringen.« – Also machte man sich wieder auf die Reise und traf auch wirklich nach einigen Tagen in der Königsstadt ein. Dort wurden sie freundlich empfangen. Die Reiche aber sorgte dafür, daß ihre Schwester zum Gänsehüten weggeschickt wurde.

Das arme Mädchen mit den ausgestochenen Augen war am Leben geblieben. Als es wieder zu sich kam, tappte es blind aus der Abfallgrube und suchte sich einen Weg ins Dorf. Im Haus eines Eseltreibers wurde sie aufgenommen und bekam auch zu essen. Mit Staunen sah man dort, daß ihr aus den wunden Augenhöhlen Perlen fielen. Als es aber gut behandelt wurde und zum ersten Male lachte, da kam ihr eine Rose aus dem Gesicht, die war so schön, daß einem der Atem stockte. Die Frau des Eseltreibers sagte zu ihrem Mann: »Bring die Rose in die Stadt und geh damit zum Königsschloß. Verkauf sie aber nicht für Geld, sondern verlang dafür ein Menschenauge.«

So ging er in die Königsstadt und kam zum Palast. Die leuchtende Rose erregte ein solches Aufsehen, daß auch die Reiche aufmerksam wurde und gleich erkannte, wo die Rose nur herkommen konnte. Sie entnahm ihrem Brusttuch ein Auge und kaufte damit die Rose, hoffte sie doch dadurch den Königssohn zu überzeugen, daß ihre Tochter die rechte Braut sei. Er aber hatte sich das Gesicht des Mädchens gut eingeprägt und konnte nicht glauben, daß die Tochter die ihm Versprochene sei. Sie hatte auch nicht den Ring an ihrem Finger, den er ihr als Liebespfand gegeben hatte.

Inzwischen kam der Eseltreiber wieder zu seinem Haus zurück und setzte das Auge so geschickt dem Mädchen in seine Augenhöhle, daß es damit wieder sehen konnte. Da freute sich das Mädchen und lachte so herzhaft, daß ihr wieder eine Rose entsprang, so herrlich wie die erste. Gleich drängte die Frau des Eseltreibers ihren Mann, noch einmal in die Stadt zu gehen und die Rose für ein Menschenauge zu verkaufen. Und wieder beeilte sich die Reiche, die Rose zu erstehen und gab das zweite Auge aus ihrem Tuch dafür hin. Mit dem Auge kam der Eseltreiber wieder heim und verhalf dem Mädchen zu seiner Sehkraft. Nun konnte es so gut sehen wie früher.

Der Eseltreiber und seine Frau waren voller Verwunderung über die geheimnisvollen Gaben, die sie an dem Mädchen beobachten konnten; sie sagten untereinander: »Wenn es mit rechten Dingen zugeht, dann sollte sie die Frau des Königssohnes werden.« Also machten sich alle drei auf, zogen in die Stadt und traten vor den König. Als der Prinz das Mädchen sah, erkannte er es sofort, zumal eine leuchtend rote Rose aus ihrem lachenden Gesicht sprang. Und da es auch den Verlobungsring an seinem Finger trug, nahm er es gleich bei der Hand und stellte es dem Vater als die rechte Braut vor. Der Eseltreiber wurde reich beschenkt und er durfte mit seiner Frau an der Hochzeit teilnehmen, die eilig vorbereitet wurde. Die Mutter des Mädchens wurde von den Gänsewiesen geholt und bekam einen Ehrenplatz bei den Feierlichkeiten. Die böse reiche Tante aber wurde aus dem Lande gejagt, ja man hetzte ihr noch die Hunde nach. Niemand hat sie mehr gesehen. Die junge Braut aber wurde mit ihrem Mann glücklich, sodaß ihr noch viele wunderschöne Rosen aus dem Gesicht sprangen. Wie sehr hätte ich mir gewünscht, eine davon zu bekommen.

6
Unglücksrabe

Italienisches Märchen

Im fernen Spanien lebte einmal ein König, der hatte sieben Töchter, sieben Töchter und keinen Sohn. Eines Tages wurde das Land mit Krieg überzogen. Und weil der König den Krieg verlor, so verlor er auch sein Reich und seinen Thron, wurde davongeführt und gefangengesetzt. Die Königin blieb mit ihren Töchtern allein zurück. Sie mußten ihr schönes Schloß verlassen und lebten nun in einer armseligen Hütte, waren auf die Gnade anderer angewiesen und mußten froh sein, wenn sie etwas zu essen fanden.

Eines Tages kam eine alte Frau zu ihrer Hütte und bat um eine milde Gabe. Die Königin sagte: »Liebes Mütterchen, wie gerne würde ich euch ein Almosen geben, aber in meinen Truhen und Kästen ist nichts mehr zu finden, was ich verschenken könnte.« Die Alte fragte: »Wie kommt es, daß ihr so elend dran seid? Euer Antlitz verrät eure edle Herkunft.« Da erzählte die Königin, daß sie durch den verlorenen Krieg alle ins Unglück gestürzt seien und jetzt nicht mehr wüßten, wie es weitergehen könne. –

»Arme Frau«, sagte die Alte, »wahrhaftig, das Unglück hat euch heimgesucht. Ihr wißt aber nicht die Ursache eures Unglücks. Eine von euren Töchtern ist ein Unglücksrabe, sie zieht alles Unheil an. Ihr müßt sie wegschicken, dann wird es euch besser gehen.« – »Ich kann doch meine eigene Tochter nicht ins Ungewisse schicken«, sagte die Königin. Die Alte aber ließ ihr keine Ruhe, bis die Königin fragte: »Wer ist denn der Unglücksrabe unter meinen Töchtern?« – »Geh heute Nacht, wenn sie alle schlafen, in ihr Zimmer. Wenn eine mit gekreuzten Händen schläft, kannst du sicher sein: sie ist es. Schick sie in die Fremde! Dann wird das Unglück von euch weichen und das Glück wieder zurückkehren.«

Als die Nacht hereingebrochen war, ging die Königin mit einem Licht ins Schlafzimmer ihrer Töchter und schaute sie der Reihe nach an. Die eine hatte ihre Hände gefaltet, die andere hatte sie ausgestreckt, die dritte sie unter das Kissen geschoben. Als sie aber zur Jüngsten kam, die ihr die Liebste war, fand sie, daß die Hände gekreuzt waren. Da seufzte sie und murmelte: »Warum muß ich gerade dich von mir wegschicken, meine liebe Tochter.« Da wachte die Tochter auf und sah die Mutter mit verweinten Augen vor sich stehen. »Warum weinst du denn?« fragte sie erschrocken. Da erzählte die Mutter von der alten Frau und daß sie gesagt habe, eine ihrer Töchter sei ein Unglücksrabe, der immer nur Unheil herbeiziehen würde. »Und nun muß ich feststellen, daß du der Unglücksrabe bist.« – »Aber Mutter, deshalb mußt du doch nicht weinen«, sagte die Tochter. »Gleich will ich mich anziehen und das Haus und die Heimat verlassen.«

Und wirklich packte sie ein paar Sachen zusammen und zog in die Fremde. Als sie nun eine Zeitlang gewandert war und in eine einsame Gegend kam, fand sie endlich ein Haus, in dem die Webstühle klapperten. Sie wurde freundlich aufgenommen und gefragt: »Wie heißt du denn?« – »Unglücksrabe«, war die Anwort. – »Willst du bei uns wohnen und arbeiten?« – »Gerne, ihr lieben Leute.«

Da packte sie gleich an und machte sich nützlich. In der Nacht wurde ihr ein Bett hergerichtet, neben ihr lagen die kostbaren Leinenballen und Seidenstoffe. – Als es Mitternacht wurde, hörte Unglücksrabe das Geklapper von Scheren. Sie nahm ein Licht und sah, daß eine Frau die Leinwand zerschnitt, die Seidenstoffe und Borten zerstörte. Nun erkannte sie, daß die Frau ihr böses Schicksal war und daß sie auch hierher von ihr verfolgt wurde.

Am nächsten Morgen kamen die Weberinnen zurück und sahen mit Schrecken das Unheil an. »Du undankbares Mädchen«, riefen sie. »Wir haben dich freundlich bei uns aufgenommen und du machst unsere Arbeit kaputt.« Und mit einem Fußtritt wurde sie verabschiedet.

Nun wanderte Unglücksrabe weiter und kam durch Dörfer und Städte. Weil sie Hunger hatte, blieb sie vor einem Laden stehen, in dem es Lebensmittel und viele gute Sachen zu kaufen gab. Sie hatte aber kein Geld; deshalb bat sie um eine milde Gabe und wurde von der Besitzerin zu einem guten Abendessen eingeladen. Als nun auch der Hausherr dazutrat, hatten sie Mitleid mit dem armen Mädchen und luden es ein, über Nacht zu bleiben. »Du kannst dir im Lager ein Bett machen, dort bei den Vorräten, den Säcken und Fässern.« – Als die Nacht gekommen war, hörte sie wieder ein Lärmen. Sie stand auf und nahm ein Licht, was mußte sie sehen: Wieder war ihre Schicksalsfrau gekommen, hatte die Säcke zerschnitten, sodaß Mehl und Zucker im Lager verstreut war, hatte die Spundlöcher der Weinfässer aufgehauen, sodaß der ganze Wein auf den Boden floß. Die Besitzer liefen herbei, jammerten über das Unglück. Der Mann nahm eine Stange, schlug damit auf das Mädchen ein und jagte sie fluchend aus dem Haus.

Nun wußte sie nicht mehr, wohin sie sich wenden sollte, weinend wanderte sie dahin. Da traf sie eine Frau, die ihre Wäsche wusch. Sie wurde von ihr angerufen: »Was machst du denn für ein trauriges Gesicht?« – Ich bin heimatlos und weiß nicht, wo ich hingehen soll.« – »Kannst du mir beim Waschen helfen? Dann bleib bei mir, ich werde dir beistehen.« – So begann Unglücksrabe, der Frau beim Waschen zu helfen, sie spülte, hängte die Teile zum Trocknen auf, nahm sie wieder ab, flickte und bügelte sie, bis sie wieder im Glanz erstrahlten.

Wem gehörte denn nun die Wäsche? Sie

gehörte dem Königsohn. Und als er sie wieder in Empfang nahm, sagte er: »So schön hat die Wäsche noch nie ausgesehen und geduftet. Heute bekommt ihr ein doppeltes Trinkgeld.« – Mit dem Geld kaufte die Frau neue Kleider für Unglücksrabe. Außerdem kaufte sie einen Sack voll Mehl und fing an Brot zu backen, gut gewürzt mit Kümmel und Anis, Sesam und Koriander. Dann sagte sie zu Unglücksrabe: »Nun geh mit diesen Broten zum Meeresufer und rufe nach meiner Schicksalsfrau. Rufe mit lauter Stimme dreimal: ›Hoh, Schicksalsfrau von Franziska!‹ – Mein Schicksal wird herbeikommen. Gib ihr eines von den Broten, richte ihr Grüße aus von mir. Und dann frag' sie, wo deine Schicksalsfrau wohnt. Wenn du es erfahren hast, dann geh dorthin und bring ihr auch ein Brot.«

Unglücksrabe eilte sich, um zum Meeresufer zu kommen. Dort rief sie dreimal, so laut sie konnte: »Hoh, Schicksalsfrau von Franziska!« Da kam eine Frau, sie richtete ihre Botschaft aus und überreichte das Brot. »Kannst du mir sagen, wo meine Schicksalsfrau wohnt?« – »Paß gut auf«, war die Antwort, »geh auf diesem Weg bis zu einem Backofen. Neben ihm in der Asche sitzt ein altes Weib. Erschrick nicht über ihre Häßlichkeit, sondern rede sie freundlich an und gib ihr dein Brot. Es ist deine Schicksalsfrau. Sie wird dich unfreundlich empfangen und das Brot nicht behalten wollen. Laß nicht locker und gib nicht nach; vielleicht gewinnst du sie mit deiner Güte.«

Als Unglücksrabe zum Backofen kam, saß wirklich daneben ein altes Weib. Aber es war so häßlich und schmutzig, daß das Mädchen einen Schreck bekam und sich überwinden mußte, näherzutreten. Sie nahm allen Mut zusammen, ging zu ihr hin und redete sie an: »Meine liebe Schicksalsfrau. Macht mir eine Freude und nehmt dieses Brot an.« Die Alte aber fuhr sie wütend an: »Geh dorthin, wo du herkommst! Wer hat dich geheißen, mir Brot zu bringen?« Obwohl die Alte ihr den Rücken zukehrte, legte das Mädchen ihr Brot bei ihr nieder und ging wieder zu ihrer Wäschersfrau zurück.

Am kommenden Tag war Unglücksrabe mit Frau Franziska beim Waschen. Sie spülte wieder, hing die Stücke zum Trocknen auf, flickte und bügelte alles, bis es wieder im alten Glanz erstrahlte. Frau Franziska brachte die Wäsche in einem Korb dem Königsohn. Freudestrahlend wurde alles in Empfang genommen: »Wie köstlich meine Sachen hergerichtet sind. Ich will euch wieder ein doppeltes Trinkgeld geben.«

So konnte aufs Neue Mehl gekauft und Brot gebacken werden. Unglücksrabe ging damit zu den Schicksalsfrauen. Und als der Königsohn nach dem kommenden Waschtag wieder mit seiner Wäsche so zufrieden war, daß er ein dreifaches Trinkgeld gab, kaufte Franziska nicht nur Mehl, sondern ein schönes Gewand und einen seidenen Unterrock, zarte Taschentücher, einen Kamm und feine Salben.

Beim nächsten Besuch der Schicksalsfrau am Backofen war sie schon etwas freundlicher; sie schaute nicht mehr ganz so grimmig drein und war bereit, das Brot in Empfang zu nehmen. Unglücksrabe nahm sie, wusch sie mit Seife und einem großen Schwamm, kämmte sie und kleidete sie mit den nagelneuen Sachen ein. Zuerst wollte die Alte nicht und setzte sich zur Wehr. Allmählich aber wandelte sich ihr Sinn, sie schaute sich überrascht im Spiegel an und sagte dann: »Unglücksrabe, du warst gut zu mir; deshalb will ich dir auch diese Schachtel schenken.« Damit reichte sie ihr eine kleine Schachtel, nicht größer als ein Streichholzkästchen.

Mit ihrem Geschenk lief Unglücksrabe wieder nach Hause. Dort öffnete sie das Kästchen und fand ein kleines Streifchen goldener Borte darin, mehr nicht.

Ein paar Tage danach brachte Franziska wieder die Wäsche ins Schloß. Diesmal war der Prinz niedergeschlagen und traurig. Die Wäscherin fragte ihn: »Was ist mit euch los, Königssohn?« – Er antwortete: »Stellt euch vor: ich soll heiraten, aber am Hochzeitskleid der Braut fehlt ein kleiner Streifen goldener Borte. Und keiner kann eine solche Borte auftreiben, im ganzen Reiche nicht.« – »Vielleicht kann ich euch helfen«, sagte Frau Franziska, lief nach Hause und holte die Borte der alten Schicksalsfrau.

Überglücklich versprach der Prinz: »Die Borte soll mit purem Gold aufgewogen werden.« Eine Waage wurde geholt, aber alles Gold, was zusammengetragen wurde, konnte doch nicht die kleine

Borte ausgleichen. »Das geht doch nicht mit rechten Dingen zu,« sagte der Königsohn, »so schwer kann doch diese Borte nicht sein. Es muß ein Geheimnis dahinterstecken. Wem gehört die Borte?« – Da erzählte Frau Franziska alles, was sie mit Unglücksrabe erlebt hatte. Sofort sagte der Prinz: »Holt mit das Mädchen, ich möchte es sehen.« – Nun wurde Unglücksrabe herbeigebracht. Ihre besten Kleider hatte sie angetan, und sie machte eine tiefe Verbeugung. »Nun mußt du mir sagen, wer du wirklich bist«, redete sie der Königsohn an.

Da erzählte Unglücksrabe ihre ganze Geschichte, daß sie eine Tochter des Königs von Spanien sei, der sein Reich und seinen Thron verloren habe und in der Gefangenschaft schmachte. Und dann erzählte sie weiter: »Mein böses Schicksal hat mich gezwungen, in der Welt herumzuirren; viel Entbehrung mußte ich aushalten, mehr aber noch Grobheiten und harte Schläge.«

Beim Erzählen wurde der Prinz immer mehr von Mitgefühl erfüllt. Schließlich sagte er: »Beinahe hätte ich die falsche Braut geheiratet, die ich ja gar nicht liebe. All die schlimmen Schicksalsschläge mußtest du wohl erleiden, damit wir zusammengeführt werden konnten. Es sieht wirklich so aus, als hätten die Schicksalsfrauen uns füreinander bestimmt.«

Nun wurden die Eltern des Prinzen geholt, die zwar sehr verwundert waren, dennoch ihre Einwilligung zur Hochzeit gaben. Und dann kam eine Nachricht vom spanischen Reich, daß der alte König seinen Thron wieder zurückerhalten habe. So wurde die Hochzeit vorbereitet, zu der auch die Eltern der Braut kommen konnten und alle ihre sechs Schwestern.

Keiner aber sprach die junge Braut noch mit dem Namen ›Unglücksrabe‹ an. Sie war ja mittlerweilen ein Glückskind geworden.

7
Der umgangene Schicksalsspruch

Griechisches Märchen

Ein Mann und eine Frau erwarteten ein Kind. Zur rechten Zeit wurde es geboren, es war ein Mädchen. Am dritten Tag kamen in der Nacht die Schicksalsfrauen und sangen dem Kind sein Schicksalslied vor:

Mit acht Jahren – wird sie als Bettlerin fahren,
kaum ist sie zehn – wird sie stehlen gehn.
Ist sie vierzehn, so ein Jammer –
wird sie huren in der Kammer.

Die Mutter hatte alles gehört und wurde tief betrübt. Gegen den Spruch der Schicksalsfrauen kann sich niemand wehren. Wie soll sie sich aber abfinden mit einem so grausamen Los?

Das Mädchen aber wuchs heran und wurde jeden Tag schöner; es war eine Freude, ihren Liebreiz zu sehen. Als es acht Jahre alt geworden war, sagte es plötzlich zu seiner Mutter: »Ich will betteln gehen.« – »Aber Kind«, wandte die Mutter ein. »Du hast doch alles, was du brauchst. Warum willst du denn betteln?« – »Ich will gehn, laß mich nur lau-

fen.« – »Gut«, sagte die Mutter, »am nächsten Samstag kannst du betteln gehn.«

Am Samstag buk die Mutter ein paar gutgewürzte Brotkuchen, brachte sie den Leuten in der Nachbarschaft und sagte ihnen: »Ihr wißt ja, wie das ist. Mein Kind ißt zuhause so wenig, bei anderen Leuten hat es immer besseren Appetit. Wenn das Mädchen heute bei euch vorbeikommt, gebt ihm doch von dem Brot.«

Und wirklich ging das Kind von Tür zu Tür, von einem Nachbarn zum andern, streckte seine Hand aus und bekam von jedem einen kleinen Kuchen. Voller Stolz und Freude lief es dann nach Hause und zeigte der Mutter das Ergebnis seiner Bettelei. »Und nächsten Samstag werd' ich wieder betteln gehn«, entschied es.

So ging das drei Samstage. Immer bereitete die Mutter die Nachbarn vor, immer kam das Kind freudestrahlend wieder zurück. Als die Mutter aber nach dem dritten Tag fragte, ob sie am kommenden Samstag wieder betteln gehn wollte, sagte das Kind: »Nein, ich will nicht, daß die Leute mir ›Bettlerin‹ zurufen.« – Da lobte und dankte die Mutter Gott, daß *eine* Versuchung glücklich abgewendet war. Wie würden aber die anderen Voraussagen der Schicksalsfrauen sich erfüllen?

Eines Tages, das Mädchen war gerade zehn Jahre alt geworden, da sagte es zu seiner Mutter: »Ich will stehlen gehen. Die Leute lassen so viele Sachen überall herumliegen, da werde ich mir einiges holen.« – »Aber Kind«, sagte wieder die Mutter, »was dir nicht gehört, kannst du dir doch nicht einfach mitnehmen.« Das Mädchen aber wurde trotzig und rief: »Und wenn es dir auch nicht paßt, ich geh trotzdem!«

Nun ging die Mutter zu ihrer Truhe und holte ein paar schöne Tücher, eine Mütze und ein Jäckchen heraus und ging damit zu den Nachbarn. Denen sagte sie: »Wir haben ein kluges Kind. Ihr werdet sehen, wenn ihr diese Sachen draußen vor euer Haus auf einen Hocker legt, dann wird es sie gleich als die eigenen erkennen und mitnehmen.«

Bald ging das Mädchen los, schlich um die Häuser und steckte heimlich die Sachen, die draußen an der Straße lagen, in seine Tasche. Damit kehrte es dann stolz nach Hause zurück und zeigte der Mutter ihre Beute. Dreimal geschah es so. Dann aber erklärte das Mädchen: »Jetzt gehe ich nicht mehr, ich möchte nicht, daß die Leute mir ›Diebin‹ nachrufen.« – Glücklich sprach die Mutter ihr Dankgebet, aber sie zitterte doch, ob sie auch die dritte große Schicksalsdrohung auffangen könne.

Die Tage und die Jahre vergingen, da feierte das Mädchen seinen vierzehnten Geburtstag. Nicht lange danach sagte es plötzlich zu seiner Mutter: »Ich ziehe los und suche mir einen Mann. Ich möchte endlich mit einem Mann schlafen.« – Die Mutter war schon darauf vorbereitet und sagte: »Du bist kein Kind mehr. Ich werde dir sagen, was du tun kannst. Warte, bis ich dir Bescheid gebe.«

Nun stand ihr Haus ganz in der Nähe des Königspalastes. Sie beauftragte einige Handwerker und ließ sie einen unterirdischen Gang zum Palast graben, der genau in das Zimmer des Königssohnes führte. Alles mußte im Geheimen geschehen; niemand sollte etwas davon merken. Eines Tages sagte die Tochter: »Nun geh ich, was du auch sagen magst.« – »Geh ruhig«, antwortete die Mutter, »zieh deine schönsten Kleider an. Dann laufe durch diesen dunklen Gang, er führt zur Kammer des Königssohns. Dort klettere hinaus und setz dich auf einen Stuhl.«

Als es Abend geworden war und der Königssohn schlafen ging, findet er ein wunderschönes Mädchen in seiner Kammer. »Wer bist du? Wie bist du hereingekommen?«, fragt er. »Mich hat nach dir verlangt, deshalb wollte ich dich besuchen,« antwortete das Mädchen. Da war die Freude des Prinzen groß und die Freude des Mädchens nicht minder. Er zog es an sich und herzte und küßte es mit aller Leidenschaft. Als aber der Morgen sich nahte, schlüpfte das Mädchen wieder in seine Kleider, nahm den goldenen Ring des Königssohnes an sich und kehrte durch den verborgenen Gang wieder zu seiner Mutter zurück. »Wunderschön war es,« sagte es der Mutter, »ich werde ihn wieder besuchen.« In der folgenden Nacht machte es sich auf den gleichen Weg, erlebte die gleichen Wonnen der Liebe und nahm beim Weggang eine Uhr mit. Auch die dritte Nacht verbrachten sie auf dieselbe Weise; beim heimlichen Weggang im Morgengrauen nahm es einen kostbaren Dolch mit. Nun aber erklärte die Tochter ihrer Mutter: »Ich gehe nicht mehr dorthin.«

Es vergingen die Wochen und Monde, ein Kind wuchs im Schoß der Tochter. Die Mutter sorgte dafür, daß ihre Tochter in der Öffentlichkeit nicht gesehen wurde, damit kein Gerede entstünde. – Der Königssohn allerdings wurde von Trauer und zehrendem Weh ergriffen. So sehr litt er darunter, daß sich das Mädchen nicht mehr zeigte, daß er krank wurde und kein Arzt ihm helfen konnte.

Als der Tag der Geburt des Kindes sich näherte, besorgte die Mutter Reisigbündel und trockene Ginsterzweige. Und immer wenn ihre Tochter in den Wehen schrie, warf sie Zweige in den Backofen, sodaß es knisterte und prasselte. Keiner von den Nachbarn bemerkte etwas, daß hier ein Kind zur Welt kam.

Einige Tage danach kaufte die Mutter einen großen Korb köstlicher Rosen. Danach legte sie mit ihrer Tochter den neugeborenen Sohn in den Korb, sie fügten noch den Ring, die Uhr und den Dolch bei und überdeckten alles mit den duftenden Rosen. Durch einen Boten wurde der Korb in den Königspalast gebracht. Es sollte ein Geschenk sein, durch das der Prinz wieder gesunde. Der Korb wird dem Königssohn in seine Kammer getragen. Als er die Rosen herausnimmt, sieht er das kleine schlafende Kind und er sieht auch seine eigenen Sachen.

Sogleich erkennt er, daß dieses Kind sein Sohn ist. Er ruft seine Mutter. »Ich bin wieder gesund«, sagt er ihr, »dieses Kind hat mich gesund gemacht. Wir wollen es behalten und aufziehen.«

Nun ließ der König überall in der Stadt einen Aufruf verkünden, alle heiratsfähigen Mädchen sollten in den Palast kommen. Und welche das richtige Schlaflied dem Kind singen könne, das solle die Frau des Königssohnes werden. So kamen denn die Mädchen in Scharen in den Palast und sangen ihr Lied. Aber das Kind reagierte gar nicht darauf, sondern weinte höchstens leise vor sich hin. Beunruhigt, weil diese Versuche nichts eingebracht hatten, fragte der König, ob denn wirklich alle Jungfrauen dagewesen seien. »Ja«, bekam er zur Antwort. »Nur das Mädchen vom Nachbarhaus ist nicht dagewesen.« Da wurde es gleich geholt. Es zog seine schönsten Kleider an und ging mit dem Boten hinüber ins Schloß.

Schon beim ersten Anblick erkannte der Königssohn seine nächtliche Besucherin und sein Herz hüpfte vor Freude. Nun wurde sie zu dem Säugling gebracht, der gleich seine Ärmchen nach ihr ausstreckte. Sie begann ihr Lied zu singen:

Schlaf nur, mein liebes verborgenes Kind,
beim prasselnden Reisigfeuer bist du geboren
und dennoch bist du unverloren,
im Rosenkorb versteckt man dich findt.

»Das ist die rechte Braut«, rief da der Königssohn, »sie und keine andere soll meine Frau werden.« So wurde die Hochzeit gefeiert, sieben Tage lang.

Man erzählt sich, die beiden wären sehr glücklich geworden.

8
Der arme Bauer und seine Schicksalsfrau

Griechisches Märchen

Ein Bauer war so arm, daß er nicht wußte, wie er es anstellen sollte, seinen Hunger zu stillen und den seiner Frau und seiner Kinder. Das einzige, was er besaß, war ein müder Esel, immerhin, der war sein eigen. So zog er denn jeden Tag mit ihm ins Gehölz, suchte das Reisig zusammen und verkaufte es auf dem Markt. Schlecht und recht brachte er so ein paar Münzen zusammen und konnte das Allernötigste kaufen.

Als er nun eines Tages durch die Stadt zog und seine Reisigbündel anpries, da wurde er in ein vornehmes Haus gerufen, weil man ihm sein Holz abkaufen wollte. Er brachte also die Bündel in den Keller; dann setzte er sich in die prächtige Vorhalle und wartete darauf, daß man ihm seinen Lohn zahle. Seine Augen ließ er umherwandern und er konnte sich nicht sattsehen an den Truhen und geschnitzten Schränken, an den kostbaren Teppichen und dem spiegelblanken Geschirr. Als man ihm nach einiger Zeit immer noch keinen Pfifferling bezahlt hatte, fragte er die Diener, die ihn auffor-

derten, zum Herrn des Hauses hinaufzusteigen. Da stieg er die Treppe hinauf, die aus marmornen Stufen bestand. Auf Schritt und Tritt konnte er mehr Reichtümer entdecken, daß ihm die Augen vorquollen und der Atem ins Stocken geriet. Der vornehme Herr saß in seinem bequemen Sessel; er hatte ein reichverziertes Gewand an; seine Finger waren mit Ringen bedeckt, die von Edelsteinen und Brillanten nur so funkelten. In der Hand hielt er eine Wasserpfeife und stieß kleine Rauchwölkchen aus, die dufteten, als wäre man schon ins Paradies versetzt. Der Bauer konnte sich kaum auf den Beinen halten, so sehr wurde er von all dem verzaubert, was er da sah. Er verbeugte sich tief vor dem hohen Herrn und bat um Bezahlung seiner Holzlieferung. Der Reiche ließ sich von seinem Diener einen Beutel bringen, der beinahe so groß war wie ein Hafersack. Mit spitzen Fingern entnahm er daraus zwei kleine Kupferlinge und reichte sie dem armen Bauern. Als dieser die Treppe wieder hinunterstieg, fragte er einen der Diener, welchen Beruf denn der Reiche habe. Er bekam zur Antwort: »Er sitzt in seinem Sessel und raucht seine Wasserpfeife. Und seine Schicksalsfrau spinnt ihm seinen Glücksfaden zu.«

»Ei, ei«, dachte der arme Bauer da bei sich, »das wäre der rechte Beruf für meiner Mutter Sohn. Im Sessel sitzen und Pfeife rauchen. Warum ist mir das nicht schon früher eingefallen? Ich plage mich ab von früh bis spät und es kommt doch keine Münze in meine Tasche.« Als er das so für sich bedachte, kam er an einem Tabakladen vorbei und nahm sich vor, gleich mit dem neuen Leben zu beginnen. Die Kupfermünzen reichten gerade dafür, einen Tabaksbeutel und ein bißchen Tabak zu kaufen. Damit kam er zu seinem kleinen Häuschen zurück. Er setzte sich in seinen wackligen Sessel, stopfte seine Pfeife und begann sie genüßlich zu rauchen, behaglich sich im Sessel räkelnd.

Seine Frau stand zunächst sprachlos da, hatte sie doch weder Brot noch andere dringende Lebensmittel mitgebracht bekommen, wie es sonst üblich war. Wie sollte sie die hungrigen Mäuler ihrer Kinder stopfen, wie sollte sie für sich und ihren Mann Essen bereiten? Also fing sie an zu jammern und zu klagen, und sie rief schließlich ihrem Mann zu: »Hast du deinen Verstand verloren, daß du dich hinsetzt und die Pfeife rauchst wie ein Pascha, obwohl wir am Verhungern sind?« – Der Mann aber läßt sich gar nicht stören, nimmt wieder einen tiefen Zug aus seiner Pfeife und sagt dann: »Du brauchst dich gar nicht zu ängstigen, wir werden jetzt vornehme Leute, warte es nur ab, bis die Schicksalsfrau anfängt, uns einen Glücksfaden zu spinnen.« Und er war nicht dazu zu bewegen aufzustehen, in den Wald zu gehen und Reisig zu sammeln.

Am gleichen Tag wollte der Nachbar Erde aus einer Tongrube holen, um Ziegeln zu formen. Er sah den Esel des Bauern stehen und dachte sich: ›der kann mir beim Tragen helfen‹. Also trottete er mit dem Esel zu der Grube und begann, mit der

Hacke den Boden zu lockern. Plötzlich stieß er bei seiner Arbeit auf etwas Hartes. Er buddelte es heraus und – es war eine mächtige Holzkiste, die über und über gefüllt war mit goldenen Münzen und silbernen Talern. Der Nachbar wurde fast blind vor Schrecken, fing sich aber schnell und begann nun, in die mitgebrachten Säcke die kostbaren Glitzerlinge zu sammeln. Die waren eine bessere Fracht als die Erde, die er sonst dort einlud. Als die Säcke gefüllt waren, bedeckte er sie oben mit Erde, damit nicht gleich jeder den ungeahnten neuen Reichtum entdecken könne und wollte den Esel nach Hause treiben. Aber es fiel ihm ein, daß ja immer noch genug Goldstücke in der Grube lagen. Also stieg er noch einmal hinunter, um auch die in seinen Taschen zu verstauen. Aber es erging ihm so, wie es dem gierigen Nimmersatt geht, er erstickt an seinem Gold: Plötzlich stürzte die Grube in sich zusammen und begrub den Habgierigen mit all seinen Kostbarkeiten, sodaß er sich nicht mehr befreien konnte und jämmerlich erstickte.

Der Esel stolperte allmählich wieder nach Hause, unter seiner schweren Last leidend. Da stand er wieder vor der Hütte seines Herrn und schrie erbärmlich, weil er von seinen Säcken befreit werden wollte. Die Frau trat vor's Haus und wunderte sich, wieso der Esel so üppig beladen war. Sie rief ihren Mann, der aber wollte nicht kommen, so sehr war er mit seiner Wasserpfeife beschäftigt. Endlich kam auch er. Mit vereinten Kräften hoben sie die Lasten herunter und schauten nach, was sich denn in den Säcken befände. Da schimmerten bald aus der unscheinbaren Erde die herrlichsten Gold- und Silbermünzen durch, daß es den beiden die Sprache verschlug. Sack um Sack brachten sie nun den ungeahnten Schatz in Sicherheit.

Nun waren sie reich geworden, konnten sich ein weiträumiges Haus bauen lassen. Die Kinder brauchten nicht mehr Hunger zu leiden und unser Bauer saß zufrieden in seinem Sessel und sagte manchmal zu seiner Frau: »Wie schön ist es doch, wenn einem seine Schicksalsfrau einen goldenen Faden, einen Glücksfaden, spinnt.«

9
Die Geschichte vom schlauen Habenichts

Kroatisches Märchen

In einer kleinen Stadt lebte ein armer Schlukker, so arm wie eine Kirchenmaus, auch wenn er sich plagte und fleißig der Arbeit nachging. Eines Tages sagte er zu sich selbst: »Die Welt ist doch groß, alle können satt werden. Warum sollte ich nicht auch mein Glück machen? Oft genug sind die jungen Männer als arme Hungerleider in die Fremde gezogen und als reiche Herren heimgekehrt. Ich will mich auf den Weg machen. Und wenn ich auch nicht reicher werde, ärmer kann ich nicht mehr werden.«

Also setzte unser Freund seine Füße in Bewegung; denn was er sich vorgenommen, das suchte er auch auszuführen. Sein Bündel drückte nicht auf der Schulter; denn es gab in seinem Stübchen nichts, was sich gelohnt hätte mitzunehmen. So wurde ihm auch der Abschied nicht schwer. Als er nun so in Gedanken verloren auf der Landstraße ging, stieß er mit seinem Fuß an ein altes Kleiderbündel. Er bückte sich und wundert sich, daß es fest zugebunden war und einiges Gewicht hatte. »Vielleicht sind ja nur Pflastersteine darin«, sagte er sich, »vielleicht

aber auch Goldstücke.« Als er das Bündel auseinandergefaltet hatte, fand er tatsächlich darin sechs alte Goldstücke. »Das Glück ist mir hold«, sagte er sich, steckte die Münzen in die Tasche, daß sie klimperten, und ging seine Straße weiter. Nach einiger Zeit kam er in ein großes Dorf; schnurstracks setzte er sich in das Kaffeehaus und überlegte, genüßlich seinen Kaffee trinkend, was er nun anfangen solle. Nach einer Weile rief er den Wirt zu sich und fragte ihn: »Wer ist hier im Dorf der Angesehenste?« – »Das ist natürlich der Badbesitzer«, bekam er zur Antwort, »der Badbesitzer und der Bürgermeister.«

Da holte unser Armer mit großer Geste eines seiner Goldstücke aus der Tasche, gab es dem Wirt mit den Worten: »Das ist für den Kaffee.« Der Wirt zählte sein Kleingeld nach, konnte aber nicht so viel finden, um herauszugeben. Der Arme lachte nur und sagte: »Warum willst du mir denn etwas zurückgeben? Behalt es ruhig.« – Da fingen die anderen Gäste zu flüstern an, wer dieser Neuankömmling denn wohl sein könne. Er habe zwar alte, zerrissene Kleidung an, aber er wolle wahrscheinlich nicht erkannt werden; deshalb verstecke er sich hinter dem unscheinbaren Gewand.

Nun redeten die Gäste dem Wirt zu, er solle herauszufinden suchen, wer der Unbekannte denn sei. Daraufhin ging der Wirt zu dem jungen Mann und redete ihn ehrfürchtig an: »Verzeiht, hochgeehrter Herr, meine Neugier. Sicher seid Ihr nicht der, der Ihr scheint. Man sieht Euch ja gleich am Gesicht an, daß Ihr ein Zarensohn seid.« – Da mußte unser Armer bei sich lachen, er ließ sich aber nichts anmerken und sagte: »Nun hast Du es erraten und ich will nicht versuchen, es zu leugnen. Du siehst, daß ich in Verkleidung hier herumreise.« Da verneigte sich der Wirt bis zur Erde, die übrigen Gäste wurden ganz kleinlaut und schlichen sich, einer nach dem andern, aus der Gaststätte.

»Nun hör gut zu«, sagte der Arme zu dem Wirt. »Koch mir einen guten, starken Kaffee und stopf mir eine tüchtige Tabakspfeife. Und all das bring mir zum Mittagessen ins Badhaus.« »Wird pünktlich erledigt«, antwortete der Wirt. Unterdessen ging der Arme durch den Ort, suchte einen Barbier auf, ließ sich rasieren und belohnte den Barbier wieder mit einem seiner Goldstücke, wobei er gleich hinzufügte: »Herauszugeben brauchst Du mir nichts.« Da dachte der Barbier bei sich: das muß der Zarensohn sein, der eben noch im Kaffeehaus saß und der von den übrigen Gästen erkannt worden ist. Das vornehme Zarenblut läßt sich nicht verleugnen. – Als der Arme sich verabschiedete, trug er noch dem Barbier auf: »Wenn es Mittag ist, könntest Du zum Badhaus kommen, vielleicht brauch' ich Dich noch.« »Selbstverständlich, werter Herr«, erwiderte der Barbier mit einer tiefen Verbeugung. – Im Vorbeigehen bestellte der Arme im großen Speisehaus noch ein Mittagessen. »Ich hoffe, es kann sich sehen lassen. Bring es mir pünktlich zu Mittag ins Badhaus.«

Nun ging er zum Badebesitzer, setzte sich, zusammengekauert wie ein armer Schlucker, an den Herd. Ein Diener sah ihn, stieß ihn in die Seite und rief: »Was hast Du denn hier zu suchen, Du abgerissener Kerl?« – »Führ mich zum Badebesitzer«, war die Antwort. »Hier kann nicht jeder Herumtreiber den Herrn sprechen«, rief der Diener, packte den Armen und wollte ihn zum Badehaus hinauswerfen. Da kam der Wirt des Speisehauses mit dem festlichen Mittagessen, da kam der Kaffeehauswirt mit dem dampfenden Kaffee und der gestopften Pfeife, da kam der Barbier mit dem Rasiermesser und seinem Duftwasser. Und alle fragten, wo sich der Zarensohn denn aufhalte. Als sie ihn bemerkten, bereiteten sie ihm die Tafel und bedienten ihn.

Nun erkannte der Diener, daß er sich danebenbenommen hatte. Er lief eilends zu seinem Herrn und berichtete ihm die ganze Angelegenheit. »Wie kann ich jetzt den Zarensohn versöhnen?«, dachte der bei sich. Er holte die besten Gewänder aus seinen Truhen, suchte das edelste Pferd aus seinem Stall, und brachte alles als Geschenk dem Armen mit. Unterwürfig begrüßte er ihn und suchte ihn durch seine Geschenke gnädig zu stimmen. Und wirklich nahm der arme Gast nichts übel, verzieh dem Badhausdiener und ließ sich vom Besitzer des Badhauses in sein schönes Haus einladen.

Nun erfuhr auch der Bürgermeister von dem unerwarteten Besuch. Und es war ihm leid, daß der Zarensohn nicht bei ihm Quartier genommen hatte.

Er ging also persönlich zu ihm und küßte den Saum seines Gewandes, während der falsche Zarensohn auf dem Kissen saß und genüßlich seine Pfeife rauchte. »Hochgeborener Zarensohn, jetzt erst erfahre ich, daß Ihr Euch hier aufhaltet. Ich bin ganz untröstlich, daß Ihr nicht meine bescheidene Hütte zu Eurer Herberge gewählt habt.« Der Arme antwortet ihm: »Sei ohne Sorge, lieber Bürgermeister, aber es ist mir gar nicht recht, daß man mich – trotz meiner Verkleidung – erkannt hat. Eigentlich wollte ich ja meinen Namen und meine Herkunft unerkannt lassen. Wenn Du mich nun aber in Dein Haus einlädtst, bin ich gerne bereit, bei Dir Wohnung zu nehmen.«

So zog also der Arme in das prächtige Haus des Bürgermeisters und bezog auch gleich die schönsten Gemächer, setzte sich an den reichgedeckten Tisch und ließ es sich nicht zweimal sagen, wenn man ihn zum Essen der erlesenen Speisen aufforderte.

Eines Tages trat der Hausherr in das Zimmer seines Gastes und sah, wie dieser, als wäre er traurig oder verdrossen, den Kopf in die Hände stützte. Mit einem bekümmerten Blick schaute er in den Garten hinaus. Als der Bürgermeister erschrocken stehen blieb und nicht wußte, was er tun sollte, rief ihn der falsche Zarensohn an: »Sind das Deine Töchter, die unten im Garten spielen?« Erleichtert bejahte der Bürgermeister. »Die Jüngste könntest Du mir zur Frau geben«, schlug der Arme vor. Jubelnd gab der Herr des Hauses seine Zustimmung. Am gleichen

Tag noch wurde die Hochzeit gefeiert, eine Woche lang dauerte das Fest.

So verlebte das junge Paar schöne Tage und Wochen, bis es dem Herrn Bürgermeister einfiel, daß man ja wohl dem Vater Zar Mitteilung zukommen lassen müsse über die Hochzeit seines Sohnes. Er schrieb nun alles auf, was sich zugetragen hatte, erbat nachträglich Einwilligung und Segen des Zaren und schickte den Brief in die Residenzstadt. Nicht lange danach kam die Antwort des Zaren. Er schrieb, daß ihm die Hochzeit recht wäre, aber es wäre an der Zeit, daß sich sein Sohn mit seiner Erwählten vorstelle; schließlich wolle auch er sie kennenlernen und die Hochzeit noch einmal feierlich begehen. Was sollte der Arme machen? Es blieb ihm nichts anderes übrig, als mit gemischten Gefühlen in die Residenzstadt zu fahren. Immerhin rüstete ihn sein Schwiegervater mit einem tüchtigen Reisevorrat aus.

Wie war aber dem armen Habenichts zumute, als er sich mit seiner lieben Frau der Stadt näherte, die er noch gar nicht kannte. Er konnte sich ausrechnen, daß er mit Schimpf und Schande empfangen und wegen seiner unverschämten Anmaßung vom Leben zum Tode befördert werden würde. In der Nacht, die der Ankunft in der Zarenresidenz vorausging, dachte der Arme daran, heimlich zu entfliehen, um wenigstens sein Leben zu retten. Aber im Dämmerlicht des frühen Morgens fiel der erste Sonnenstrahl auf seine junge Frau. Da küßte er sie und sagte: »Wie könnte ich es über's Herz bringen, Dich im Stich zu lassen. Lieber will ich sterben, als Dich zu verlassen.«

Nun brachen sie auf und kamen zur Abenddämmerung in der Residenzstadt an. Der Zar empfing unseren Armen wie ein Vater seinen Sohn, wie ein Zar seinen Nachfolger. Als aber die junge Frau in die Gemächer geschickt worden war, ließ er den falschen Sohn zu sich rufen. Überwältigt von der Pracht des Palastes, fiel der Arme dem Zaren zu Füßen, küßte den Saum seines Gewandes und erwartete zitternd den Urteilsspruch. Als sie allein waren, verfinsterten sich die Mienen des Zaren, er schwang bedrohlich seinen Säbel und rief: »Sage mir, wer Du bist, Du jämmerlicher Emporkömmling! Wie kannst Du den Leuten im Land erzählen, daß Du mein Sohn seiest? Ich habe doch gar keinen Sohn und habe nie einen gehabt.«

»Alles will ich Dir treulich erzählen, mächtiger Zar«, sagte der Arme, »und nichts will ich Dir verheimlichen. Da ist Dein Säbel, hier ist mein Kopf.« Vom Anfang bis zum Schluß erzählte der Arme seine ganze Geschichte. Zum Schluß erzählte er ihm: »Heute morgen habe ich tatsächlich daran gedacht, meine liebe Frau im Stich zu lassen und davonzulaufen, um mein Leben zu retten. Aber als der erste Morgenstrahl auf das Gesicht meiner Frau fiel, da sah ich, wie schön sie ist und wie sehr ich sie liebe. Da habe ich es nicht über's Herz gebracht, sie einfach zu verlassen und mir gedacht: lieber wähle ich den Tod.«

Der Zar hörte sich das alles an und er wurde in seinem Herzen davon berührt, sodaß er seinen Säbel sinken ließ. Er hob den jungen Mann auf, geleitete ihn zu einem Thronsessel und sagte: »Weil Du einen treuen Sinn hast und ein aufrichtiges Herz, bist Du wert, mein Sohn zu werden.« Er ließ auch die Zarin rufen und die Ratgeber des Hofes, und er sagte: »Immer hast Du Dir einen Sohn gewünscht, liebe Frau. Hier hast Du einen, der es wert ist, daß Du ihn gern hast, als hättest Du ihn unter dem Herzen getragen und als hätte er an Deinen Brüsten getrunken. Er soll unser Sohn und Erbe sein. Gott hat ihn uns geschenkt.«

10
Die Schicksalsgaben

Kurdisches Märchen

In einem kleinen Dorf wohnte ein armer Mann, dessen Frau blind war. Und obwohl er alles daransetzte, Arbeit zu finden, um sich, seine Frau und seine Tochter zu ernähren, er fand keine.

In seiner Not verfiel er auf einen Ausweg. Er ging zu seiner Frau und sagte ihr: »Laß uns die Tochter verkaufen. Davon können wir vielleicht eine gewisse Zeit leben.«

Was blieb der Frau anderes übrig als zuzustimmen. Und weil auch die Tochter keinen Einspruch erhob, wurde sie aufgefordert, sich zu baden und schön zu machen, ihre besten Kleider anzuziehen und sich für die Reise vorzubereiten. Es war ein schmuckes Mädchen, und es brauchte weder Schminke noch Puder, um die Bewunderung ihrer Umgebung zu erregen.

Auf ihrem Weg in die nächste Stadt kamen die drei an einem einsamen Schloß vorbei. Sie klopften an, um zu fragen, ob dort drinnen vielleicht eine Magd gebraucht würde, aber es öffnete niemand. Die Tochter jedoch fand eine kleine Tür, die sich öffnen ließ. Kaum war sie eingetreten, so schloß sie

sich wieder und ließ sich nicht mehr auftun. Nun ging das Mädchen durch das große Haus und schaute in alle Zimmer und Stuben, fand aber keine Menschenseele. Im allerletzten Raum jedoch lag ein junger Mann auf einem Bett und schlief wie ein Toter. Er atmete zwar, aber seine Augen blieben geschlossen; er ließ sich nicht aufwecken, so sehr das Mädchen ihn auch rüttelte.

Nun schaute sich das Mädchen im Schloß um, fand zu essen und zu trinken, fand auch eine Menge Geldstücke. Die nahm es, ging damit auf die Dachterrasse und warf viele davon ihren Eltern hinunter. »Lieber Vater, liebe Mutter«, rief es, »ich muß hierbleiben, es scheint das Haus meines Schicksals zu sein. Geht wieder nach Hause; vielleicht könnt ihr euch mit dem Geld eine Existenz aufbauen.« Da kehrten die Eltern wieder in ihr Dorf zurück, das Mädchen aber richtete sich in dem Schloß ein.

Im Zimmer des jungen Mannes fand es eine Tafel, darauf stand: »Wenn du 40 Tage und Nächte bei mir ausharrst, ohne zu schlafen, dann kannst du mich erlösen.« Da holte sich das Mädchen zwei Kerzen, zündete sie an und stellte sie neben das Bett. Und es schlief nicht, sondern ging herum, sang ihre Lieder, sprach ihre Gebete, erzählte ihre Geschichten. So vergingen die Tage und die Nächte. Als schon der neununddreißigste Tag angebrochen war, hörte es draußen vor dem Schloß Stimmen. Sie schaute zum Fenster hinaus und sah draußen einen alten Mann und ein häßliches Mädchen stehen. Da dachte sie bei sich: ›Ich kann nicht mehr wachbleiben, ich brauche jemand, der mir beisteht und am Bett ausharrt‹. – Also warf sie dem Alten ein paar Goldstücke hinunter und ließ das häßliche Mädchen hinaufkommen. Sie schärfte ihm ein, nicht vom Bett zu wanken und zu weichen und sie sofort herbeizuholen, wenn der junge Mann inzwischen aufwachen würde.

Dann aber sank sie in einen tiefen Schlaf und schlief so lange, daß sie beim Aufwachen nicht hätte sagen können, ob es eine Stunde oder eine Woche gedauert hätte. Während sie aber noch im Schlaf versunken war, da waren die vierzig Tage vorüber und der junge Mann erwachte. Wen sah er vor sich? Das häßliche Mädchen, das ihn unbeholfen anlächelte. Nun hatte aber der junge Mann versprochen: wer solange an meinem Bett ausharrt, den werde ich heiraten, ob es eine junge oder eine alte, eine schöne oder eine häßliche Frau ist. Und wirklich stand er auf, begrüßte das häßliche Mädchen als seine Braut und heiratete sie.

Mittlerweile war auch das erste Mädchen wieder munter geworden. Wie erschrak es aber, als es beobachten mußte, daß sein Liebster schon wachgeworden und das häßliche Mädchen geheiratet hatte. Hätte es nicht doch noch die wenigen Stunden aushalten können? Nun aber war die Chance vertan! Verzweifelt setzte es sich in eine Ecke und weinte jämmerlich. Aber bald wurde es als Dienerin zur Arbeit geschickt und mußte alle schmutzigen Dienste tun.

Eines Tages ging der junge Herr zu seiner Frau und sagte: »Ich muß heute in die Stadt fahren und wichtige Dinge erledigen. Soll ich dir etwas mitbringen?« Seine Frau wünschte sich schöne Kleider und kostbaren Schmuck, duftende Salben und feine Süßigkeiten. Nun ging er auch zu der Dienerin und fragte sie, ob er ihr etwas aus der Stadt mitbringen solle. Unter Tränen antwortete sie: »Kauf mir ein Messer aus Gold, eine Flasche voll Gift und bring mir den Stein der Geduld mit. Aber es wird nicht leicht zu bekommen sein.«

Nun machte sich der Herr auf den Weg, besorgte alles, was er sich vorgenommen, kaufte auch die Dinge, die sich seine Frau gewünscht hatte und suchte schließlich noch einen Laden auf, in dem er die sonderbaren Wünsche seiner Dienerin erfüllt bekäme.

Der Kaufmann ließ sich gut dafür bezahlen, sagte aber beim Abschied: »Wenn du diese Dinge deiner Dienerin gegeben hast, laß sie nicht allein, das mußt du mir versprechen. Versteck dich und beobachte sie, was sie sagt und tut.« Das versprach er und zog wieder nach Hause.

Zu Hause angekommen, packte er seine Gaben aus, fröhlich nahm seine Frau ihre Sachen und wollte sich schön machen. Traurig empfing die Dienerin ihre Gaben und zog sich damit in ihr Zimmer zurück. Der Herr aber ging ihr nach, stand vor ihrer Tür und beobachtete sie.

Zunächst nahm sie das goldene Messer in ihre

Hände und fragte es: »Liebes Messer, was soll ich tun? Neununddreißig Tage und Nächte habe ich meinen lieben Herrn behütet und bewacht, habe ausgeharrt und ihn gepflegt. Nun aber hat er die häßliche Dienerin geheiratet, die nur wenige Stunden bei ihm gewesen ist. Liebes Messer, was soll ich tun?« Da antwortete das Messer: »Stoß zu, stoß schnell mit mir zu! Dann bist du aller Leiden ledig.«

Dann nahm sie die Flasche mit dem Gift und fragte wieder: »Liebes Gift, soll ich diese schreckliche Pein noch weiter ertragen? Liebes Gift, was soll ich tun?« – Und das Gift in der Flasche antwortete: »Trink mich aus, trink mich schnell aus! Dann sind alle deine Leiden verschwunden.«

Nun aber nahm sie auch den Stein der Geduld in ihre Hände und fragte auch ihn: »Lieber Stein, was soll ich tun, da mir der Liebste untreu geworden ist und ich nur als Sklavin hier leben soll?« Und der Stein gab zur Antwort: »Hab Geduld, harre aus! Es wird alles noch gut werden.«

Da konnte der Herr es draußen vor der Tür nicht mehr aushalten. Er trat herein und sagte: »Du bist es also, die mich wirklich erlöst hat. Jetzt sind mir die Augen geöffnet. Hab' Dank, lieber Stein der Geduld, daß du meine Liebste gerettet hast. Nun wollen wir erst wirklich Hochzeit feiern, und du sollst den Platz einnehmen, der dir gebührt. Die häßliche Dienerin aber wollen wir ihrem Großvater wieder zurückschicken.«

Und sie haben fröhlich gefeiert und noch fröhlicher zusammengelebt. Und ich hätte nichts dagegen gehabt, wäre ich auch zum Hochzeitsschmaus eingeladen worden.

Hinweise zur Herkunft der Märchen und zum Verständnis ihrer Bildsprache

Alle zehn Märchen dieses Bandes werden in einer sprachlichen Gestalt vorgestellt, die vom Herausgeber stammt. Es sind alte Überlieferungen, die oft in verschiedenen Versionen vorkommen. Die Motive und Handlungsstränge wurden nicht verändert, aber der sprachliche Duktus und die Erzählstruktur wurden gestrafft und manche sprunghaften oder unverständlichen Passagen wurden durch die eigene Version verstehbarer gemacht.

1 Die Verheissung wird sich erfüllen. *Ein Märchen aus dem Kaukasus (vgl. dazu: ›Was geschrieben steht – gilt‹, in: Armenische Märchen, hrsg. von Isidor Levin, übersetzt von Gisela Schenkowitz, Düsseldorf 1982; ›Was in den Sternen geschrieben steht, ist unauslöschlich‹, in: Märchen griechischer Inseln, hrsg. von Felix Karlinger, Düsseldorf 1979).*

In dem Märchen wird deutlich, daß Menschen ihr Schicksal nicht völlig frei gestalten können, daß vor allem Eltern die Geschicke ihrer Kinder nicht in eigener Machtvollkommenheit beeinflussen dürfen. Was der Schah auch unternimmt, um den ›Spruch‹ abzuwenden, er trägt gerade dadurch dazu bei, daß sich das vorausgesagte Schicksal erfüllt. Im Gegensatz zu antiken Parallelen (man denke etwa an die Gestalt des Ödipus) endet unsere Geschichte aber nicht als Tragödie, sondern mit dem Eingeständnis des Schah: es war gut so, wie es gelaufen ist. – Während es in der griechischen, römischen und germanischen Mythologie Schicksalsfrauen sind, die den neugeborenen Kindern ihren Lebensfaden zuspinnen, ist es hier ein alter Mann, der die Schicksale in ein Buch trägt. Wir dürfen den Schicksalsschreiber als chiffrenhaftes Bild verstehen für eine gute, vertrauensvolle Weltfürsorge, als Ausdruck eines Glaubens, daß auch unerwartete und erschreckende Elemente in unserem Leben sich als sinnvoll herausstellen können.

2 Der geheimnisvolle Alte. *Ein Märchen vom Balkan (vgl. ›Das Schicksal‹, in: Jugoslawische Märchen, hrsg. und übertragen von Joseph Schütz, Frankfurt 1972).*

Ein junger Mann findet nicht zu ›seinem‹ Weg und ist in der Gefahr, sein Leben zu verplempern. Er macht sich auf eine Such-Wanderung und begegnet dabei einem seltsamen Mann, dem er sich anschließt, obwohl er seine Handlungsweise nicht versteht. Erst allmählich darf er erkennen, daß er sich einem ›Schicksalsfüger‹ angeschlossen hat, der ihn behutsam auf einen Glückspfad geleitet. Charakteristisch ist, daß er zu seinem Eigentum nie sagen darf: »Es gehört mir«; er muß also auf den Besitzstolz verzichten und daran denken, daß alles Geschenk ist, ungeschuldet Empfangenes.

3 DIE WUNDERBAREN RINGE. *Ein Märchen aus Serbien (vgl. dazu ›Die drei Ringe‹, in: Balkanmärchen aus Albanien, Bulgarien, Serbien und Kroatien, hrsg. von August Leskien, Jena 1919).*

Zu den charakteristischen Märchenmotiven gehört die Suche nach der ›rechten Braut‹. Und wenn einer schon geglaubt hatte, die richtige gefunden zu haben, sie sich aber verweigert oder ihm vorenthalten wird, kann er in eine lähmende Traurigkeit und lebensbedrohende Krankheit fallen. Aber vielleicht ist er in seinem personalen Reifungsprozeß noch nicht so weit, daß er die erwählte Braut gewinnen kann. Dann muß er sich auf die Wanderung begeben, muß sich im Angesicht von Sonne, Mond und Sternen bewähren; er muß aber auch die Grenzen seiner eigenen Kraft erfahren und bereit sein, sich helfen zu lassen. So gewinnt er mit den Ringen auch die Fähigkeit, in sich zu stehen und seine Partnerin für's Leben zu gewinnen. Er hat seine eigene Kleinheit überstiegen und seine Verflochtenheit mit dem Kosmos erkannt, wie es Tschuang-Tse ausgedrückt hat: *»Der Weise setzt sich zu Mond und Sonne und trägt Raum und Zeit in seinem Arme.«* – Und ein georgischer Dichter drückt es so aus:

»Auf Bergesspitze stehend,
vor meinem Auge das Land gebreitet,
auf meinem Herzen Sonne und Mond ruhend,
redete ich mit Gott.«

4 VOR DEM TOD KANNST DU NICHT DAVONLAUFEN. *Ein persisches Märchen aus den ›Erzählungen von Tausendundeinernacht‹.*

Die kleine Geschichte erzählt von dem vergeblichen Versuch eines Menschen, seinem drohenden Geschick zu entrinnen. Wer seinem Schicksal ausweichen oder davonlaufen will, läuft ihm unbeabsichtigt gerade entgegen. Im Kaiser wird uns ein Mann vorgestellt, der nicht von Angst und Panik gezeichnet ist, sondern gelassen dem Tod ins Angesicht schaut. Auch er weiß um seine Sterblichkeit, aber er kann den Gedanken aushalten, ohne sich zur Flucht zu wenden.

5 DIE NEIDISCHE SCHWESTER. *Ein Märchen aus Albanien (vgl. ›Neid zwischen zwei Schwestern‹, in: Balkanmärchen, Jena 1919).*

Häufig ist in den Märchen von ganz unterschiedlichen Geschwistern die Rede. Auch hier wird von zwei Schwestern berichtet, von denen die eine reich, mit einem kalten Herzen ausgestattet ist und skrupellos ihre egoistischen Ziele verfolgt. Die andere ist arm, anspruchslos, aber mit offenem Herzen begabt. Auf dem Kind der Armen liegt eine Verheißung; es hat etwas Strahlendes und Beglückendes mitbekommen, was die Reiche nicht hinnehmen und freudig teilnehmend akzeptieren kann. So kommt es zu den schrecklichen Intrigen, die zur Blindheit und Not des Mädchens führen. Aber vielleicht muß das naive und treuherzige Mädchen durch diese Phase der Blindheit hindurch, um die ›neuen Augen‹ der seelischen Reife zu bekommen und ihrem Bräutigam zugeführt werden zu können.

6 UNGLÜCKSRABE. *Ein Märchen aus Italien (vgl. dazu: ›Pechvogel‹, in: Italienische Märchen, gesammelt von Italo Calvino, deutsch von Lisa Rüdiger, Zürich 1975; ›Prinzessin Unglück‹, in: Märchen aus Italien, hrsg. von Fritz Gordian, Frankfurt 1976; ›Die Unglücksbringerin‹, in: Felix Karlinger/Marianne Klaar, Märchen griechischer Inseln und Märchen aus Malta, Düsseldorf 1979).*

Im Mittelpunkt dieses Märchens steht ein Mädchen, das nicht nur selbst vom Unglück heimgesucht wird, sondern auch noch auf ihre ganze Umgebung Unglück verbreitet und deshalb in die Fremde zieht, um niemandem mehr schaden zu müssen. In seiner Not bekommt es einen Weg gewiesen, der sich aber als schwer zu gehen erweist. Ganz allmählich muß sie ihre *Moira,* ihre Schicksalsfrau, für sich gewinnen, muß ihr dienen und sie freundlicher stimmen. Erst dadurch wird die ›Pechsträhne‹ unterbrochen und eine Schicksalswende kann beginnen. Aber das Geschenk, das sie schließlich von ihrer Moira erhält, ist unscheinbar und wenig verheißungsvoll. Erst wenn sie damit recht umgehen kann und die winzige Chance nutzt, kann sie dazu beitragen, ihr Glück zu finden.

7 Der umgangene Schicksalsspruch.

Ein Märchen aus Griechenland [Patmos] (vgl. ›Vom umgebogenen Schicksal‹, in: Die Reise im goldenen Schiff, hrsg. von Marianne Klaar, Kassel 1977; ›Was die Schicksalsgöttin sprach‹, in: Märchen griechischer Inseln, hrsg. von Felix Karlinger, Düsseldorf 1979).

Da hat ein neugeborenes Mädchen von den Moiren, den Schicksalsfrauen, ein schlimmes Los zugeworfen bekommen. Aber die Mutter resigniert nicht und überläßt das Kind nicht seinen gefährlichen Wünschen und Neigungen. Scheinbar geht sie darauf ein, sorgt aber dafür, daß die bedenklichen Experimente keine zerstörerischen Wirkungen haben, sondern aufgefangen werden können. Alle Vorhersagen der Schicksalsspinnerinnen gehen zwar in Erfüllung, und trotzdem nimmt das Mädchen keinen Schaden, sondern kann zu seinem Glück finden.

8 Der arme Bauer und seine Schicksalsfrau.

Ein Märchen aus Griechenland (vgl. ›Der Arme und seine Moira‹, [Karpathos], in: Die Hexe von Patmos. Märchen von den griechischen Inseln, hrsg. von Inez Diller-Sellschopp, Düsseldorf 1974; ›Der Arme und die Moira‹, in: Märchen griechischer Inseln, hrsg. von Felix Karlinger, Düsseldorf 1979).

Es sind Schwankelemente, die diesem Märchen sein Gepräge geben. Solange der Arme fleißig war und seiner mühseligen Arbeit nachging, blieb er der traurige Habenichts. Als er aber bequem wurde und begann, sein Leben zu genießen, da fällt ihm plötzlich der große Reichtum zu. Dieses Märchen will uns wohl nicht zur Faulheit und tatenlosen Trägheit auffordern. Doch mit seinem hintergründigen Humor macht es uns aufmerksam, daß wir manchmal mit all unserem Fleiß und unserer Tüchtigkeit nichts zuwege bringen; wenn wir aber gelassen werden und zur Besinnung gelangen, läuft uns das Glück plötzlich hinterher, wo es uns doch bisher konsequent ausgewichen war.

9 Die Geschichte vom schlauen Habenichts.

Ein Märchen aus Kroatien (vgl. ›Der kluge Arme‹, in: Balkanmärchen, hrsg. von August Leskien, Jena 1919).

Auch dieses Märchen hat einen ausgesprochenen Schwankcharakter. Durch seine Pfiffigkeit und eine Portion Frechheit gelingt es diesem Schelm, sein Schicksal zu wenden, indem er mit der Leichtgläubigkeit der Leute sein Spiel treibt. Wer forsch auftreten kann und sich auf die Kunst des Bluffens versteht, steht plötzlich im Licht und kann eine sprunghafte Karriere durchlaufen. Aber auch unser Glückspilz muß sich bewähren und kommt um Anfechtungen und äußerste Gefährdung nicht herum. Erst, als er auch diese Feuerprobe besteht, kann das Abenteuer gut ausgehen und er wirklich den Zarenthron erben.

10 Die Schicksalsgaben.

Ein kurdisches Märchen (vgl. ›Schicksal eines Mädchens‹, in: Kurdische Märchen, hrsg. von Luise-Charlotte Wentzel, Düsseldorf 1978; ›Der schlafende Königssohn‹, in: Griechische Volksmärchen, hrsg. von Georgios A. Megas, übertragen von Inez Diller).

In diesem Märchen, das in vielen Varianten in Kleinasien und Griechenland vorkommt, muß sich ein Mädchen bewähren, indem es auf den Schlaf verzichtet und einen Mann bewacht, der in einem magischen Schlaf liegt. Da es schließlich doch noch einschläft, heiratet der Mann die ›falsche Braut‹. In seiner Verzweiflung und Ratlosigkeit spielt das Mädchen mit dem Gedanken an Selbstmord. Aber unter den Gaben, die es sich mitbringen läßt, ist auch der Stein der Geduld, der ihr zum Ausharren rät. So kann das ›Tal der Niedergeschlagenheit‹ durchschritten und die verfahrene Situation bereinigt werden.